Qué nos enseñaron y qué aportaron a la humanidad los emperadores romanos.

Parte I: Los primeros pasos de un imperio inolvidable.

Legados de Maestros

Volumen 1

Seraphine D.K. Velsar

QUÉ NOS ENSEÑARON Y QUÉ APORTARON A LA HUMANIDAD LOS EMPERADORES ROMANOS: PARTE I: LOS PRIMEROS PASOS DE UN IMPERIO INOLVIDABLE.

First edition. December 30, 2024.

ISBN: 979-8230804093

Written by Seraphine D.K. Velsar.

Also by Seraphine D.K. Velsar

Legados de Maestros
Qué nos enseñaron y qué aportaron a la humanidad los emperadores romanos:
Parte I: Los primeros pasos de un imperio inolvidable.

Introducción a la Serie

En esta serie de libros, no solo exploraremos las vidas y enseñanzas de los grandes emperadores romanos, sino también de otras figuras históricas que, con sus logros y desafíos, han dejado un legado profundo que sigue guiando a la humanidad. Cada volumen es una fuente de inspiración, diseñado para ofrecer sabiduría y consejos prácticos que puedes aplicar directamente en tu vida para lograr un mayor éxito y desarrollo personal.

Conoceremos a los emperadores romanos, desde aquellos que edificaron el imperio como Augusto, hasta los que, con sus acciones, trajeron su decadencia, como Nerón. Estos personajes, con sus aciertos y errores, nos enseñan sobre poder, liderazgo, sabiduría y vulnerabilidad humana. Pero no solo nos quedaremos en el pasado romano. También nos adentraremos en las vidas de visionarios como Leonardo da Vinci, Miguel Ángel y Galileo Galilei, quienes transformaron el arte, la ciencia y la filosofía. A través de ellos, aprenderemos cómo la creatividad y el conocimiento tienen el poder de cambiar el mundo.

Además, exploraremos a los líderes que dieron forma a la democracia moderna, como George Washington y Thomas Jefferson, así como a los filósofos cuyas ideas sobre ética y política aún guían nuestras decisiones. Nos sumergiremos en la vida de pioneros científicos como Isaac Newton y Marie Curie, cuyos descubrimientos cambiaron para siempre nuestra visión del mundo.

Cada volumen de esta saga no solo narra las historias de estas grandes personalidades, sino que extrae lecciones prácticas que puedes aplicar para mejorar tu vida. A lo largo de las páginas, encontrarás consejos sobre resiliencia, liderazgo, innovación, y cómo superar los retos con una mentalidad más fuerte y enfocada. Estas figuras históricas, con todos sus logros y luchas, nos enseñan que el camino hacia el éxito está lleno de dificultades, pero también de grandes oportunidades para crecer.

Al seguir los ejemplos de estos sabios y visionarios, aprenderás a construir una vida mejor, más plena y exitosa. Esta serie es una invitación a aprender de los mejores para convertirte en la mejor versión de ti mismo, a través de la historia, la sabiduría y las experiencias que han marcado el curso de la humanidad.

Introducción al Volumen 1

En este primer volumen, comenzamos un viaje fascinante hacia la historia de los emperadores romanos, quienes no solo fundaron y consolidaron uno de los imperios más poderosos que la humanidad haya conocido, sino que también dejaron un legado lleno de lecciones sobre el poder, la política, la ambición y el liderazgo.

Desde la figura de Augusto, el primer emperador que estableció las bases del imperio, hasta los últimos días de Didius Juliano, estos líderes no solo marcaron el destino de Roma, sino que también nos ofrecen valiosas lecciones sobre cómo manejar el poder, la toma de decisiones, y cómo la grandeza puede ir de la mano con la caída. A través de sus vidas, aprenderemos sobre el arte de gobernar, sobre los sacrificios que se deben hacer para alcanzar el éxito y, al mismo tiempo, sobre los errores que se cometen cuando el poder no se usa con sabiduría.

Este libro no es solo una mirada al pasado, sino una guía para entender cómo los principios que regían en la antigua Roma siguen siendo relevantes hoy. La historia de estos emperadores, con sus glorias y caídas, nos invita a reflexionar sobre el tipo de líderes que queremos ser y qué legados queremos dejar. Todo está explicado de manera simple y accesible, para que puedas aprender de los mayores y aplicar esas enseñanzas en tu propia vida. Aquí, cada emperador, con su visión, sus aciertos y sus fracasos, se convierte en un maestro cuyo legado te ayudará a crecer, alcanzar el éxito y superar los obstáculos que encuentres en tu camino.

1 - Augusto: El Primer Emperador

En el año 44 a.C., la ciudad de Roma se encontraba sumida en el caos. Julio César, el hombre que había transformado la República Romana con su carisma y ambición, había sido asesinado por un grupo de conspiradores que temían su poder. La noticia del magnicidio llegó rápidamente al joven Cayo Octavio, un pariente lejano de César, que entonces se encontraba estudiando en Apolonia, en la región de Iliria. Apenas tenía 19 años y nunca había participado activamente en la vida política de Roma, pero la lectura del testamento de César cambiaría el curso de su vida y de la historia. César no solo lo había adoptado como hijo, sino que lo había nombrado su heredero principal.

A partir de ese momento, Cayo Octavio abandonó el papel secundario que le había reservado su juventud y emprendió el camino que lo llevaría a convertirse en Augusto, el primer emperador de Roma y una de las figuras más influyentes de la civilización occidental.

El mundo en el que Augusto nació y creció estaba en constante transformación. La República Romana, una estructura política que durante siglos había sido símbolo de estabilidad y organización, estaba al borde del colapso. La expansión territorial había traído riqueza y poder a Roma, pero también había creado tensiones sociales y políticas irreconciliables. La brecha entre ricos y pobres crecía, y las instituciones tradicionales eran incapaces de adaptarse a los desafíos de un imperio en expansión.

Nacido el 23 de septiembre del año 63 a.C. en la pequeña ciudad de Velitrae (actual Velletri), Cayo Octavio era hijo de una familia de la orden ecuestre, una clase social intermedia entre los plebeyos y la aristocracia senatorial. Su padre murió cuando él tenía apenas cuatro años, y fue criado por su madre Atia, sobrina de Julio César, y por su abuela materna. Aunque su origen no auguraba un destino tan ambicioso, la conexión con César le abriría puertas impensadas.

La educación de Octavio se centró en las disciplinas tradicionales de la élite romana: retórica, historia, derecho y administración. Desde joven demostró una inteligencia estratégica y una notable habilidad para ganarse la confianza de quienes lo rodeaban. Estas cualidades serían cruciales para su ascenso en un entorno político marcado por las intrigas y las traiciones.

Tras la muerte de César, Octavio regresó a Roma, donde se encontró con un escenario hostil. Marco Antonio, uno de los principales generales de César, parecía decidido a consolidar su poder y desplazar a Octavio. Contra todo pronóstico, el joven logró reunir un ejército, formar alianzas estratégicas y enfrentarse a Antonio en una serie de conflictos que culminaron con su reconciliación temporal en el Segundo Triunvirato, junto con Lépido.

La alianza fue breve, y las tensiones entre Octavio y Antonio aumentaron hasta estallar en la batalla de Actium en el 31 a.C., donde Octavio logró una victoria decisiva. Con Antonio y Cleopatra fuera del panorama, Octavio se convirtió en el líder indiscutido de Roma. En el año 27 a.C., el Senado le otorgó el título de Augusto, marcando oficialmente el inicio del Imperio Romano.

El reinado de Augusto se caracterizó por su capacidad para equilibrar la apariencia de un gobierno republicano con la realidad de su autoridad absoluta. Aunque conservó instituciones como el Senado, concentró el poder en su persona y reorganizó el sistema político y administrativo para garantizar la estabilidad del imperio. Bajo su liderazgo, Roma vivió un período de paz conocido como la Pax Romana, que permitió el florecimiento de la cultura, la arquitectura y la economía.

Augusto también impulsó grandes proyectos de infraestructura, como la construcción de acueductos, templos y carreteras, que conectaron las vastas regiones del imperio. Estas obras no solo mejoraron la calidad de vida de los ciudadanos romanos, sino que también reforzaron la idea de una Roma unificada y poderosa.

En lo personal, Augusto era conocido por su austeridad y su dedicación al trabajo. Su vida familiar, sin embargo, estuvo marcada por tragedias y conflictos. Contrajo matrimonio tres veces y tuvo una hija, Julia, cuyo comportamiento escandaloso lo llevó a exiliarla. A pesar de estas dificultades, logró mantener una imagen pública de integridad y rectitud, lo que contribuyó a consolidar su autoridad moral.

En sus últimos años, Augusto dedicó gran parte de su tiempo a escribir sus memorias y a garantizar una transición ordenada del poder. El 19 de agosto del año 14 d.C., murió en Nola, en la región de Campania, rodeado de su esposa Livia y otros miembros de su círculo íntimo. Sus últimas palabras, según los relatos, reflejan su sentido del deber cumplido: "He encontrado una Roma de ladrillo y la dejo de mármol".

¿Que nos enseñó Augusto?

La vida de Augusto ofrece valiosas lecciones sobre la resiliencia, la inteligencia estratégica y la capacidad de adaptación. Su ascenso al poder no fue producto de la suerte, sino de su habilidad para analizar situaciones complejas, tomar decisiones calculadas y construir alianzas en los momentos cruciales. Nos enseña que incluso en medio de las adversidades más grandes, es posible encontrar oportunidades para el crecimiento y la transformación. Su enfoque disciplinado y su visión a largo plazo son ejemplos de cómo el liderazgo puede cambiar el curso de la historia.

El aporte de Augusto a la humanidad

El legado de Augusto se extiende más allá de su tiempo. Políticamente, estableció un modelo de gobierno que influyó en numerosos sistemas imperiales y monárquicos posteriores. Arquitectónicamente, dejó un legado tangible en las estructuras que definieron el paisaje de Roma y que aún se consideran maravillas de la ingeniería. Culturalmente, fomentó las artes y las letras, creando un entorno en el que figuras como Virgilio y Horacio florecieron.

Augusto también sentó las bases de la estabilidad económica y social, promoviendo reformas legales y administrativas que sirvieron de modelo durante siglos. Su vida y obra son un recordatorio de cómo el liderazgo visionario puede transformar no solo una nación, sino el curso de la humanidad.

2 - Tiberio: El Emperador Reluctante

El nombre de Tiberio evoca una figura envuelta en misterio y controversia. Gobernó el Imperio Romano desde el año 14 d.C. hasta su muerte en el 37 d.C., sucediendo a su padrastro Augusto, el primer emperador de Roma. Su historia está marcada por triunfos militares, intrigas políticas y una lucha constante entre el deber público y su naturaleza introspectiva.

Tiberio Claudio Nerón nació el 16 de noviembre del año 42 a.C. en Roma, en un momento de cambios monumentales. La República Romana estaba al borde del colapso tras décadas de guerras civiles. Su familia, la gens Claudia, gozaba de prestigio, pero el destino de Tiberio pronto se vería ligado al ascenso de Augusto, el hombre que transformaría a Roma en un imperio.

La infancia de Tiberio estuvo llena de incertidumbre política. Su madre, Livia Drusila, fue una figura clave en su vida. Tras divorciarse del padre de Tiberio, se casó con Augusto, consolidando una alianza que aseguraría la posición de su hijo en el futuro régimen imperial. Tiberio creció rodeado de las tensiones y ambiciones de la corte, aprendiendo desde joven a maniobrar en un mundo lleno de intrigas.

Desde temprana edad, Tiberio mostró aptitudes notables para el liderazgo militar. Fue educado bajo los estrictos estándares de la aristocracia romana, destacándose en la oratoria, el arte militar y la administración. Augusto, aunque inicialmente favorecía a otros posibles sucesores como sus nietos Cayo y Lucio, empezó a reconocer las capacidades de Tiberio a medida que las circunstancias eliminaban a otros contendientes.

Una de las primeras misiones militares de Tiberio lo llevó a pacificar las regiones del norte de Hispania y a consolidar el control romano en Panonia y Germania. Sus campañas fueron metódicas y efectivas, ganándose la lealtad de sus tropas y el respeto de sus contemporáneos. Sin embargo, estas victorias también revelaron un aspecto fundamental de su carácter: Tiberio era un hombre de acción, pero no de gloria. Su reticencia a buscar el reconocimiento público marcó una diferencia crucial con su padrastro, Augusto.

En el año 6 d.C., Tiberio asumió el mando de las legiones en Germania, una región volátil que representaba una amenaza constante para Roma. Durante este período, consolidó las fronteras del Rin y dirigió expediciones punitivas contra las tribus germánicas. Aunque estas campañas no resultaron en una expansión duradera, reforzaron la seguridad del imperio en una zona estratégica.

En lo personal, la vida de Tiberio estuvo marcada por tragedias y sacrificios. Su matrimonio con Vipsania Agripina, la hija del general Agripa, fue interrumpido por órdenes de Augusto, quien lo obligó a casarse con Julia, la hija del emperador. Este matrimonio político fue infeliz y contribuyó al aislamiento emocional de Tiberio. Vipsania, según las fuentes históricas, fue el gran amor de su vida, y su separación dejó una herida que nunca sanó completamente.

Cuando Augusto murió en el año 14 d.C., Tiberio asumió el poder como el segundo emperador de Roma. Aunque había sido preparado para este papel durante años, su aceptación del título fue cautelosa. Según el historiador Tácito, Tiberio expresó su reticencia con las palabras: "Estoy sosteniendo un lobo por las orejas", una metáfora que reflejaba su percepción de la carga del poder imperial.

El reinado de Tiberio estuvo marcado por una administración eficiente y pragmática. Continuó muchas de las políticas de Augusto, manteniendo la estabilidad del imperio y reforzando las fronteras. Su enfoque en la consolidación fiscal permitió a Roma acumular reservas significativas, asegurando su capacidad para enfrentar crisis futuras. Sin embargo, su estilo de liderazgo difería del de Augusto en aspectos clave. Mientras Augusto buscaba el apoyo del Senado y cultivaba una imagen de cercanía con el pueblo, Tiberio era distante y desconfiado, lo que generó tensiones con la élite senatorial.

Uno de los episodios más controvertidos de su gobierno fue su relación con Lucio Elio Sejano, el prefecto del pretorio. Sejano se convirtió en una figura poderosa durante el reinado de Tiberio, consolidando su influencia mientras el emperador se retiraba progresivamente de los asuntos públicos. En el año 26 d.C., Tiberio abandonó Roma y se trasladó a la isla de Capri, dejando a Sejano a cargo de la administración cotidiana. Este período estuvo marcado por purgas políticas y una creciente paranoia en la corte, alimentada por los rumores sobre la ambición de Sejano de usurpar el poder.

Finalmente, en el año 31 d.C., Tiberio ordenó la ejecución de Sejano tras descubrir sus maquinaciones. Sin embargo, el daño ya estaba hecho. El clima de desconfianza y represión continuó marcando los últimos años de su reinado, alejándolo aún más de la opinión pública y de las instituciones tradicionales de Roma.

En el ámbito personal, Tiberio era un hombre reservado, melancólico y complejo. Su retiro en Capri, rodeado de lujo y aislamiento, dio lugar a innumerables rumores sobre su vida privada. Aunque muchos de estos relatos, incluidos los de Suetonio, han sido cuestionados por los historiadores modernos, reflejan la percepción negativa que gran parte de la población romana tenía del emperador.

Tiberio murió el 16 de marzo del año 37 d.C. en Miseno, una localidad costera cercana a Nápoles. Tenía 77 años, y su muerte marcó el final de un reinado que dejó un legado contradictorio. Aunque logró mantener la estabilidad del imperio y consolidar sus estructuras administrativas, su liderazgo fue percibido como frío y distante, dejando a Roma con un vacío emocional que su sucesor, Calígula, intentaría llenar de manera desastrosa.

¿Que nos enseñó Tiberio?

La vida de Tiberio es un recordatorio de los desafíos que enfrentan quienes asumen responsabilidades para las que no están emocionalmente preparados. Su reticencia a gobernar, combinada con su aislamiento y desconfianza, ofrece lecciones sobre la importancia de equilibrar el poder con la empatía y la comunicación. También nos enseña que el éxito militar y administrativo no garantiza la aceptación ni el cariño del pueblo.

El aporte de Tiberio a la humanidad

Tiberio dejó un legado significativo en términos de estabilidad y consolidación. Su administración fiscal fortaleció las arcas del imperio, asegurando su capacidad para resistir futuras crisis. En el ámbito militar, sus campañas en

Germania y Panonia demostraron su habilidad estratégica y su compromiso con la seguridad del imperio.

Sin embargo, su mayor contribución puede encontrarse en las lecciones que dejó sobre la naturaleza del liderazgo. Tiberio mostró que el poder, sin una conexión genuina con quienes se gobierna, puede convertirse en una carga insostenible. Su historia sigue siendo objeto de estudio, no solo por los logros y fracasos de su reinado, sino también por las complejidades humanas que encarna.

La figura de Tiberio, envuelta en contradicciones, nos invita a reflexionar sobre el equilibrio entre deber y deseo, y sobre cómo las decisiones individuales pueden moldear el destino de naciones enteras.

3 - Calígula: El Emperador de los Excesos

"Que me odien, siempre que me teman". Estas palabras, atribuidas a Cayo Julio César Augusto Germánico, mejor conocido como Calígula, encapsulan la complejidad de uno de los emperadores más enigmáticos y controvertidos de la historia de Roma. Su reinado, breve pero intenso, abarcó desde el año 37 al 41 d.C. y dejó una huella imborrable tanto por sus excesos como por las intrigas que culminaron en su trágico final.

El contexto histórico del ascenso de Calígula fue tumultuoso. Roma había consolidado su dominio sobre el Mediterráneo, pero el poder absoluto de los emperadores estaba aún en proceso de definición. Tras el reinado de Tiberio, marcado por el distanciamiento y la paranoia, la llegada de Calígula fue recibida con entusiasmo. La juventud, el linaje y el carisma del nuevo emperador parecían prometer una nueva era de esplendor.

Cayo Julio César Germánico nació el 31 de agosto del año 12 d.C. en Antium, una localidad cercana a Roma. Era hijo de Germánico, un destacado general amado por el pueblo y considerado la encarnación de las virtudes romanas, y de Agripina la Mayor, una mujer ambiciosa y de fuerte carácter. Desde temprana edad, Cayo estuvo rodeado por las glorias y tragedias de su familia. Su apodo "Calígula", que significa "botitas", proviene de su infancia, cuando acompañaba a su padre en las campañas militares vestido con una pequeña réplica del uniforme de soldado.

Sin embargo, la infancia de Calígula no fue idílica. Su padre murió en circunstancias sospechosas cuando él tenía apenas siete años, posiblemente envenenado por órdenes de Tiberio, quien veía en Germánico un rival político. Su madre y sus hermanos mayores también sufrieron el destino de los que caían en desgracia bajo el régimen de Tiberio, enfrentando el exilio y la persecución. Calígula quedó bajo la tutela del propio Tiberio, viviendo en un entorno de intrigas palaciegas en Capri, donde aprendió a sobrevivir en un mundo hostil y a ocultar sus verdaderas intenciones tras una máscara de obediencia.

Cuando Tiberio murió en el año 37 d.C., Calígula fue proclamado emperador gracias al apoyo de la Guardia Pretoriana. Al principio, su reinado fue recibido con euforia. Anunció amnistías, organizó juegos y espectáculos, y devolvió al Senado ciertas prerrogativas, ganándose el favor tanto del pueblo como de la clase política. Sin embargo, una grave enfermedad, probablemente en el primer año de su mandato, marcó un cambio radical en su comportamiento.

Los historiadores antiguos, como Suetonio y Dion Casio, describen a Calígula como un hombre que se dejó consumir por el poder absoluto. Se le atribuyen actos de crueldad, extravagancia y megalomanía, como proclamar su divinidad, ordenar la construcción de un puente de barcos para cruzar la bahía de Nápoles, y nombrar a su caballo Incitatus como cónsul. Aunque algunos de estos relatos pueden estar exagerados, reflejan la percepción de un reinado que se apartó de las normas tradicionales.

A pesar de las críticas, no todo en su mandato fue absurdo. Calígula emprendió proyectos arquitectónicos y militares, aunque muchos quedaron incompletos debido a la falta de recursos. También buscó consolidar su poder enfrentándose al Senado y ampliando la influencia de la figura imperial, acciones que si bien provocaron oposición, sentaron precedentes importantes para sus sucesores.

En el plano personal, Calígula era conocido por su carisma y su habilidad para cautivar a las multitudes, pero también por sus arrebatos de ira y su inclinación al exceso. Su relación con sus hermanas, especialmente Drusila, ha sido objeto de especulación debido a las insinuaciones de incesto presentes en las fuentes antiguas. Estas historias, aunque difíciles de verificar, contribuyeron a su reputación de decadencia moral.

El reinado de Calígula llegó a un violento final el 24 de enero del año 41 d.C., cuando fue asesinado por miembros de la Guardia Pretoriana liderados por Casio Querea. Este complot, motivado por el resentimiento hacia las humillaciones infligidas por el emperador, marcó el primer magnicidio en la historia del imperio romano.

¿Qué nos enseñó Calígula?

La figura de Calígula es un recordatorio de los peligros del poder sin límites y de cómo las instituciones fuertes son necesarias para equilibrar el liderazgo. Su vida nos enseña que el carisma y la ambición pueden ser armas de doble filo, capaces de inspirar tanto lealtad como resentimiento. También nos muestra los efectos destructivos de un entorno marcado por la desconfianza, la intriga y la falta de apoyo emocional.

El aporte de Calígula a la humanidad

Aunque su reinado estuvo plagado de controversias, Calígula dejó un legado en la historia del poder imperial romano. Su énfasis en la centralización del poder contribuyó a definir el papel del emperador como figura suprema en el imperio, un modelo que sería adoptado y refinado por sus sucesores. En el ámbito cultural, su patrocinio de espectáculos y obras públicas reflejó la importancia del arte y la arquitectura como herramientas de propaganda y cohesión social.

A pesar de sus fallos, la vida de Calígula sigue siendo un caso de estudio sobre el impacto del liderazgo en las instituciones y la sociedad. Su historia, aunque trágica, invita a reflexionar sobre la naturaleza humana y los desafíos inherentes al poder absoluto.

4 - Claudio: El emperador inesperado

En el año 41 d.C., mientras el cuerpo de Calígula aún yacía en el suelo tras su violento asesinato, un hombre tembloroso, de complexión débil y notoriamente cojeante, fue encontrado escondido tras una cortina del palacio imperial. Ese hombre, Tiberio Claudio César Augusto Germánico, pronto sería proclamado emperador de Roma, un título que, hasta entonces, parecía el destino menos probable para un miembro de la dinastía Julio-Claudia. Así comenzó el reinado de un hombre que, a pesar de haber sido subestimado durante toda su vida, transformó el Imperio Romano de maneras inesperadas y duraderas.

Roma en el siglo I d.C. era el epicentro de un mundo en constante expansión. Después del turbulento mandato de Tiberio y el reinado errático de Calígula, el Imperio necesitaba estabilidad. Roma estaba marcada por las intrigas palaciegas, las ambiciones desmedidas y la creciente brecha entre la élite senatorial y el poder imperial. En este contexto, Claudio, a quien muchos consideraban un mero espectador en la política, se convirtió en el líder que nadie anticipó pero que la maquinaria imperial necesitaba.

Claudio nació el 1 de agosto del año 10 a.C. en Lugdunum, una colonia romana en la actual Lyon, Francia. Era hijo de Druso el Mayor y Antonia la Menor, lo que lo colocaba en una posición prominente dentro de la dinastía Julio-Claudia. Sin embargo, desde niño enfrentó serias dificultades. Su salud era frágil y padecía problemas físicos, como cojera y tartamudez, que llevaron a su familia a considerarlo incapaz de ocupar un papel destacado en la política. Su madre lo llamaba despectivamente "monstruo incompleto", y su tío Tiberio lo relegó a un segundo plano, aislándolo de las responsabilidades públicas.

A pesar de este desprecio, Claudio aprovechó su aislamiento para dedicarse al estudio. Fue un erudito apasionado, especialmente en historia y lingüística, y escribió extensamente sobre la historia de Roma y los etruscos. Esta educación, aunque no lo preparaba directamente para el liderazgo, lo dotó de una comprensión profunda de la administración y las leyes romanas, herramientas que más tarde demostrarían ser invaluables.

El ascenso de Claudio al poder fue tan inesperado como accidentado. Tras el asesinato de Calígula, los conspiradores no tenían intención de nombrar a Claudio como su sucesor. Sin embargo, la Guardia Pretoriana, reconociendo su linaje y viendo una oportunidad para mantener el control sobre la sucesión, lo proclamó emperador. El Senado, aunque inicialmente reacio, no tuvo más opción que aceptar esta imposición.

El reinado de Claudio fue un período de logros significativos. Una de sus primeras acciones fue restaurar la estabilidad en Roma tras el caótico gobierno de Calígula. Reformó el sistema judicial, amplió los derechos de ciudadanía y promovió el mérito sobre el linaje en los cargos administrativos. Pero quizás su contribución más destacada fue la expansión territorial del imperio. Bajo su mandato, Roma anexó la provincia de Britania, un hito que consolidó su legado como un emperador conquistador. La conquista no solo fortaleció la economía mediante nuevos tributos y comercio, sino que también consolidó la idea de Roma como una fuerza imparable.

Claudio también dejó su marca en la infraestructura de Roma. Supervisó la construcción de acueductos, como el Aqua Claudia y el Anio Novus, que mejoraron significativamente el suministro de agua de la ciudad. Además, emprendió proyectos de ingeniería como la ampliación del puerto de Ostia, que facilitó el comercio y el abastecimiento de alimentos a la población creciente de la capital.

A pesar de sus logros, Claudio enfrentó numerosos desafíos y controversias. Su confianza en libertos, a quienes otorgó importantes roles administrativos, generó descontento entre la aristocracia romana, que veía esta práctica como una afrenta a las tradiciones senatoriales. Su vida personal también estuvo marcada por el escándalo. Se casó cuatro veces, y su matrimonio con Agripina la Menor, madre de Nerón, sería especialmente controvertido. Agripina no solo manipuló a Claudio para asegurar la adopción de su hijo, sino que también es sospechosa de haber conspirado para envenenarlo y así facilitar la ascensión de Nerón al trono.

Claudio murió el 13 de octubre del año 54 d.C., probablemente envenenado con setas preparadas por Agripina. Su muerte puso fin a un reinado de trece años que, aunque inicialmente subestimado, fue fundamental para la consolidación del Imperio Romano en su forma clásica.

¿Que nos enseñó Claudio?

La vida de Claudio nos enseña que no debemos subestimar el poder de la resiliencia y la capacidad de adaptación. A pesar de las adversidades físicas y el desprecio de su entorno, Claudio se convirtió en un líder efectivo que transformó su aparente debilidad en fortaleza. Su historia demuestra que el conocimiento, la preparación y la paciencia pueden superar las barreras más imponentes. Además, su vida subraya la importancia de la inclusión y la diversidad, al destacar el talento de los libertos y su valor para la administración pública.

El aporte de Claudio a la humanidad

El legado de Claudio es multifacético. En términos políticos, su énfasis en la expansión territorial y las reformas administrativas fortalecieron el Imperio Romano y sentaron las bases para el auge de los emperadores posteriores. Sus proyectos de infraestructura mejoraron la calidad de vida de los ciudadanos romanos y reflejan su visión a largo plazo como gobernante.

En el ámbito cultural, su trabajo como historiador y lingüista nos ofrece una perspectiva valiosa sobre la sociedad romana. Aunque muchas de sus obras se han perdido, su interés por documentar y preservar el conocimiento subraya su compromiso con el aprendizaje y la educación.

Finalmente, Claudio nos dejó una lección sobre la superación personal. Su capacidad para trascender las limitaciones impuestas por su entorno y su determinación para gobernar con justicia y eficacia inspiran a quienes enfrentan desafíos similares en sus propias vidas. La figura de Claudio, a menudo pasada por alto, merece ser recordada como un ejemplo de cómo la perseverancia y el intelecto pueden superar incluso las barreras más formidables.

5 - Nerón: El Emperador del Espectáculo y la Tragedia

En la madrugada del 9 de junio del año 68 d.C., con el eco de los soldados acercándose y su poder desmoronándose como un teatro en ruinas, Nerón se dirigió a su leal secretario Epafrodito y pronunció sus últimas palabras: "¡Qué artista muere conmigo!". Con esta frase, el último emperador de la dinastía Julio-Claudia selló su vida de excesos, intrigas y tragedias. Nerón Claudio César Augusto Germánico había gobernado Roma durante catorce años, dejando tras de sí un legado de controversias que aún fascina al mundo.

El reinado de Nerón se desarrolló en una Roma vibrante pero llena de tensiones. La capital del imperio estaba en pleno esplendor arquitectónico, cultural y económico, aunque sus estructuras políticas y sociales comenzaban a mostrar signos de desgaste. La Pax Romana iniciada por Augusto seguía proporcionando estabilidad, pero las luchas internas por el poder, las desigualdades económicas y las tensiones entre los valores tradicionales y las influencias extranjeras marcaban la época. El Senado, la clase senatorial y el creciente poder de los libertos competían por influir en la política imperial, mientras el pueblo clamaba por pan y espectáculos.

Nerón nació el 15 de diciembre del año 37 d.C. en Antium, una ciudad costera cercana a Roma. Hijo de Cneo Domicio Enobarbo y Agripina la Menor, estaba destinado desde el principio a un destino singular. Su padre murió cuando él tenía apenas tres años, y su madre fue exiliada poco después por orden de Calígula. La infancia de Nerón fue inestable, marcada por la influencia de Agripina, quien regresó al poder tras casarse con el emperador Claudio. Este matrimonio no solo consolidó la posición de Agripina, sino que también preparó el terreno para que Nerón ascendiera al trono. A los dieciséis años, fue adoptado oficialmente por Claudio, convirtiéndose en su heredero y dejando a su hermanastro Británico en segundo plano.

Bajo la tutela de su madre y del filósofo Séneca, Nerón recibió una educación centrada en la retórica, la filosofía y las artes. Agripina fue una figura dominante en los primeros años de su gobierno, pero su influencia disminuyó rápidamente a medida que Nerón consolidaba su poder. En el año 54 d.C., tras la muerte de Claudio —supuestamente envenenado por Agripina—, Nerón asumió el trono como el emperador más joven de Roma hasta entonces.

Los primeros años del reinado de Nerón fueron relativamente prósperos, gracias a la guía de Séneca y el prefecto del pretorio Burro. Durante este período, conocido como el quinquenio dorado, Nerón promovió políticas fiscales moderadas, fomentó las artes y amplió el sistema de infraestructura. Sin embargo, su carácter impulsivo y sus crecientes ambiciones artísticas comenzaron a generar tensiones. Deseaba ser recordado no solo como un gobernante, sino como un gran artista, lo que lo llevó a participar activamente en competencias musicales y teatrales, algo considerado inapropiado para un emperador romano.

A medida que su poder crecía, también lo hacía su lista de enemigos. Agripina, quien alguna vez había sido su mayor aliada, se convirtió en una amenaza para su autonomía. En el año 59 d.C., Nerón ordenó su asesinato, un acto que marcó un punto de no retorno en su reinado. La ejecución de Agripina no solo lo distanció de la élite romana, sino que también alimentó rumores sobre su inestabilidad y crueldad.

El año 64 d.C. fue un punto de inflexión en su gobierno. En julio, un devastador incendio arrasó Roma, destruyendo gran parte de la ciudad. Aunque no hay evidencia concluyente, muchos acusaron a Nerón de haber provocado el fuego para dar paso a la construcción de su fastuoso Palacio Dorado, el Domus Aurea. En respuesta, Nerón culpó a los cristianos, iniciando una persecución que sería recordada como una de las más brutales de la historia romana.

El descontento generalizado se intensificó con el tiempo. En el 65 d.C., una conspiración liderada por Gayo Calpurnio Pisón buscó derrocarlo, pero fue descubierta y reprimida con severidad. Esta traición llevó a Nerón a desconfiar incluso de sus aliados más cercanos, como Séneca, quien se vio obligado a suicidarse. A pesar de sus esfuerzos por consolidar el poder, las provincias comenzaron a rebelarse, y en el año 68 d.C., el Senado lo declaró enemigo público. Acorralado y abandonado, Nerón optó por quitarse la vida antes de ser capturado.

A pesar de su reputación como un tirano extravagante, Nerón fue un hombre de profundos contrastes. Amaba la música, la poesía y las artes, y buscaba la aprobación del pueblo a través de espectáculos y juegos públicos. Su deseo de ser un artista en lugar de un simple político lo hizo único entre los emperadores romanos, aunque también lo aisló de la élite tradicional. Por otro lado, su paranoia y su tendencia a eliminar a cualquiera que percibiera como una amenaza lo convirtieron en una figura temida y odiada.

El legado de Nerón es complejo. Su reinado estuvo marcado por una mezcla de innovación cultural y decadencia política. A nivel arquitectónico, su Domus Aurea influyó en la arquitectura romana posterior, aunque también simbolizó el despilfarro imperial. Su persecución de los cristianos, aunque trágica, contribuyó a la formación de una identidad más sólida entre los seguidores de esta nueva fe, que eventualmente se convertiría en una de las religiones predominantes del imperio.

¿Qué nos enseñó Nerón?

La vida de Nerón nos recuerda el peligro de un poder ilimitado sin una guía moral clara. Su incapacidad para equilibrar sus ambiciones personales con las responsabilidades de su cargo lo llevó a un aislamiento que culminó en su caída. Por otro lado, su amor por las artes y su deseo de dejar un legado cultural subrayan la importancia de perseguir nuestras pasiones, aunque siempre con responsabilidad y equilibrio.

El aporte de Nerón a la humanidad

A pesar de su controvertido reinado, Nerón dejó una marca en la historia de Roma. Su apoyo a las artes y la cultura fomentó un ambiente en el que florecieron nuevas formas de expresión artística. La construcción del Domus Aurea, aunque polémica, influyó en la arquitectura romana y sirvió como precursor de estructuras palaciegas más elaboradas.

En términos históricos, su vida y gobierno han servido como advertencia sobre los peligros del autoritarismo desmedido. Además, su persecución de los cristianos, aunque brutal, paradójicamente fortaleció la fe de esta comunidad, preparando el terreno para su expansión en los siglos siguientes.

El nombre de Nerón evoca imágenes de caos y opulencia, pero también nos invita a reflexionar sobre el papel del liderazgo, la responsabilidad y el legado que dejamos al mundo. Su historia sigue siendo un recordatorio de que el poder y la pasión, cuando no se equilibran, pueden convertirse en una fuerza destructiva tanto para uno mismo como para quienes nos rodean.

6 - Galba: El General que Enfrentó el Caos del Imperio

El 15 de enero del año 69 d.C., Roma fue testigo de la brutal caída de un emperador que había ascendido al trono en un momento de caos. Servio Sulpicio Galba, de setenta y tres años, fue asesinado por la Guardia Pretoriana en el Foro Romano, sus últimas palabras capturaron el drama de su vida: "¡Golpeadme si eso beneficia a Roma!". Estas palabras finales reflejaron su vida como un servidor del Estado, atrapado entre sus principios y las despiadadas luchas de poder que marcaron el inicio del llamado Año de los Cuatro Emperadores.

Cuando Galba asumió el trono en junio del año 68 d.C., Roma estaba inmersa en una de sus mayores crisis políticas. El suicidio de Nerón había dejado un vacío de poder, y el imperio enfrentaba una inestabilidad sin precedentes. Las provincias se rebelaban, el Senado buscaba restaurar su autoridad, y el ejército, siempre un factor decisivo, se encontraba dividido entre lealtades cambiantes. Fue en este contexto que Galba, un general experimentado y gobernador de Hispania Tarraconense, fue proclamado emperador por sus tropas. Su ascenso marcó el fin de la dinastía Julio-Claudia, dando paso a una era de incertidumbre.

Servio Sulpicio Galba nació el 24 de diciembre del año 3 a.C. en una familia patricia de alto rango, vinculada a figuras prominentes de la historia romana. Su linaje estaba repleto de cónsules y senadores, lo que le garantizó una educación de calidad y un camino claro hacia la política. Criado bajo los valores tradicionales de la disciplina romana, Galba demostró desde joven un carácter austero y un compromiso con el servicio público. Su temprana carrera lo llevó a ocupar posiciones administrativas y militares clave, destacándose por su lealtad y competencia.

A lo largo de su vida, Galba sirvió bajo los emperadores Augusto, Tiberio, Calígula y Claudio, ganándose una reputación de honestidad y eficacia. Fue gobernador de varias provincias, incluyendo la Germania Superior y la Hispania Tarraconense, donde consolidó su experiencia como administrador y líder militar. Durante su mandato en Hispania, estableció una base sólida de lealtad entre sus tropas, una ventaja que sería crucial en su ascenso al trono. Sin embargo, su carácter inflexible y su insistencia en la austeridad económica también le granjearon enemigos entre las élites y el ejército.

El reinado de Galba fue breve y turbulento. Aunque llegó al poder con el apoyo del Senado y las provincias de Hispania, pronto enfrentó desafíos por su impopularidad. Su estricta política de recortes fiscales y su decisión de no pagar los prometidos donativos a los soldados lo alienaron de la Guardia Pretoriana y del ejército, pilares fundamentales del poder imperial. Además, su avanzada edad y su aparente incapacidad para adaptarse a las complejidades del poder imperial le hicieron vulnerable a las intrigas palaciegas.

Una de las decisiones más controvertidas de Galba fue la adopción de Lucio Calpurnio Pisón como su sucesor, ignorando las expectativas de otros líderes militares y políticos, como Marco Salvio Otón. Esta decisión precipitó su caída. Otón, resentido y ambicioso, conspiró con la Guardia Pretoriana, que ya estaba descontenta con Galba. El complot culminó en su asesinato, un evento que marcó el inicio de una serie de guerras civiles que desgarrarían el imperio durante todo el año 69 d.C.

A pesar de su reputación como un gobernante impopular y rígido, Galba era también un hombre profundamente humano. Sus decisiones estaban guiadas por un sentido del deber hacia Roma, aunque su incapacidad para comprender las dinámicas políticas de su tiempo lo llevó al fracaso. Se dice que era austero en su vida personal, rechazando los lujos y manteniendo una disciplina que contrastaba con los excesos de su predecesor, Nerón. Sin embargo, esta austeridad, vista como virtud por algunos, también lo hizo parecer distante e insensible ante las necesidades del pueblo y el ejército.

Los últimos días de Galba fueron una mezcla de tensión, traición y desesperación. Tras enterarse de la conspiración de Otón, intentó movilizar a sus aliados, pero su falta de apoyo militar selló su destino. Fue asesinado en el Foro Romano, junto a su sucesor adoptivo, Pisón, mientras intentaba apelar a la lealtad de los soldados. Su muerte marcó el fin de un breve reinado y el inicio de un período aún más caótico en la historia de Roma.

¿Que nos enseñó Galba?

La vida de Galba nos enseña la importancia de la flexibilidad y la adaptabilidad en el liderazgo. Su dedicación al deber y su integridad personal son lecciones de compromiso con los principios, incluso en medio de la adversidad. Sin embargo, su incapacidad para comprender las necesidades y expectativas de sus aliados y subordinados subraya la importancia de la empatía y la comunicación en el ejercicio del poder. Su historia es un recordatorio de que el liderazgo efectivo requiere no solo valores sólidos, sino también la habilidad de navegar en entornos complejos y cambiantes.

El aporte de Galba a la humanidad

Aunque su reinado fue breve, Galba dejó un legado importante en términos históricos. Su ascenso al trono marcó el fin de la dinastía Julio-Claudia y simbolizó un intento, aunque fallido, de restaurar los valores tradicionales de Roma. A pesar de sus errores, su vida y su gobierno ofrecen lecciones valiosas sobre la naturaleza del poder, la fragilidad de las instituciones y la importancia de la lealtad militar en la política romana.

Históricamente, su caída precipitó una serie de eventos que llevaron a la reconfiguración del imperio, preparando el terreno para el surgimiento de una nueva estabilidad bajo los Flavios. En este sentido, su vida, aunque trágica, contribuyó al desarrollo de la política imperial y al entendimiento de las complejidades del liderazgo en tiempos de crisis. Galba sigue siendo una figura que, a pesar de sus limitaciones, encarna los desafíos de gobernar en un mundo lleno de incertidumbres y tensiones. Su historia permanece como un recordatorio de que incluso los líderes más bienintencionados pueden ser superados por las circunstancias, pero sus esfuerzos no son en vano cuando se consideran en el contexto más amplio de la historia.

7 - Otón: El Emperador de la Decisión Fugaz

El 16 de abril del año 69 d.C., Marco Salvio Otón, el hombre que había ocupado el trono imperial por apenas tres meses, tomó una decisión que desconcertaría a la historia. Rodeado por sus más leales seguidores, y al tanto de que su ejército había sido derrotado por las fuerzas de Vitelio en la Batalla de Bedriacum, eligió terminar con su vida para evitar más derramamiento de sangre entre los romanos. Sus últimas palabras, según las crónicas, fueron: "Es mejor morir con honor que vivir en deshonra". Su trágico final selló su lugar en la historia como un hombre de acción, pero también de contradicciones.

Roma vivía un momento de profunda inestabilidad. El suicidio de Nerón en el año 68 d.C. había dejado al Imperio Romano en una crisis política y militar sin precedentes. El Senado, los ejércitos y las provincias estaban enfrentados en una lucha por el poder. Fue el inicio del llamado Año de los Cuatro Emperadores, un periodo de caos que pondría a prueba la cohesión del imperio. En este contexto, Otón, un político ambicioso y gobernador de Lusitania, vio una oportunidad para ascender al trono, pero también se enfrentó a las imprevisibles fuerzas de un mundo en constante agitación.

Otón nació el 28 de abril del año 32 d.C. en Ferentium, una ciudad de la región de Etruria. Provenía de una familia noble con vínculos en la política romana. Desde joven, mostró inclinaciones hacia el lujo y la vida disipada, características que le valieron tanto admiradores como detractores. Su temprana cercanía con Nerón marcó un punto de inflexión en su vida. Fue uno de los amigos más íntimos del emperador durante sus primeros años, pero esta relación se fracturó abruptamente cuando Nerón se interesó por Popea Sabina, la esposa de Otón. Para apartarlo de Roma y de su esposa, Nerón lo envió a gobernar la provincia de Lusitania. Esta traición personal dejó una huella en su carácter y alimentó sus ambiciones.

Como gobernador de Lusitania, Otón sorprendió a muchos por su gestión efectiva y moderada. Durante una década, mantuvo la estabilidad en la provincia y acumuló experiencia administrativa, lo que contrastaba con su reputación previa de hombre superficial. En el año 68 d.C., cuando Galba se rebeló contra Nerón, Otón decidió apoyar su causa, con la esperanza de ser recompensado con una posición de poder en el nuevo régimen. Sin embargo, cuando Galba ascendió al trono, lo ignoró y nombró a Lucio Calpurnio Pisón como su sucesor. Sintiéndose traicionado nuevamente, Otón conspiró para derrocar a Galba.

El 15 de enero del año 69 d.C., Otón lideró un golpe de Estado apoyado por la Guardia Pretoriana, que asesinó a Galba en el Foro Romano. Su ascenso al trono fue recibido con escepticismo, pero también con esperanza, ya que prometió restaurar el orden y satisfacer las demandas de los soldados y el pueblo. Sin embargo, su reinado estuvo marcado por la incertidumbre desde el principio. Apenas asumió el poder, tuvo que enfrentarse a la amenaza de Aulo Vitelio, quien había sido proclamado emperador por las legiones de Germania.

Otón mostró una inesperada determinación al organizar sus fuerzas para enfrentar a Vitelio. A pesar de su limitada experiencia militar, reunió tropas leales y emprendió una campaña para asegurar su posición. Sin embargo, la suerte no estuvo de su lado. En la Batalla de Bedriacum, las fuerzas de Vitelio derrotaron a su ejército. En lugar de prolongar la guerra civil y exponer a Roma a más violencia, Otón decidió sacrificarse por el bien del imperio. Su suicidio fue un acto que, aunque polémico, demostró una comprensión sorprendente de las consecuencias de la guerra y un intento por preservar lo que quedaba de la unidad romana.

En el plano personal, Otón fue un hombre complejo. Aunque frecuentemente retratado como frívolo y amante del lujo, también demostró ser capaz de gestos nobles y de una sorprendente capacidad para la reflexión. Era conocido por su vanidad y su cuidado por la apariencia, lo que lo hacía destacar en la sociedad romana. Sin embargo, detrás de esa fachada, había un hombre marcado por las traiciones y las desilusiones, que buscó en el poder imperial una forma de redimirse. Su muerte fue vista por algunos como un acto de valentía y por otros como el fracaso de un hombre que no pudo enfrentar las dificultades de su tiempo.

El legado de Otón es difícil de evaluar debido a la brevedad de su reinado, pero su vida y muerte ofrecen importantes lecciones. Fue un hombre que buscó la redención en el poder, pero que también entendió las consecuencias de sus acciones y optó por evitar un mayor sufrimiento a Roma. Su historia es un recordatorio de las complejidades de la política romana y de cómo, en un momento de crisis, incluso un hombre con una reputación controvertida podía tomar decisiones que trascendieron su propia vida.

¿Qué nos enseñó Otón?

La vida de Otón nos enseña el valor de enfrentar las consecuencias de nuestras decisiones. Aunque su ambición lo llevó al trono, su acto final de sacrificio mostró una comprensión de la responsabilidad que pocos gobernantes han demostrado. Otón nos recuerda que, incluso en los momentos más oscuros, es posible optar por un camino que busque minimizar el daño a los demás. Su capacidad para reconocer la magnitud de la guerra civil y actuar en consecuencia subraya la importancia de la autoconciencia y el sacrificio en el liderazgo.

El aporte de Otón a la humanidad

El legado de Otón reside principalmente en el ejemplo de su vida y muerte. Aunque su reinado fue breve, su decisión de terminar con su vida para evitar un conflicto mayor dejó una impresión duradera en la historia romana. Representó un intento de anteponer el bienestar colectivo al interés personal, un ideal que ha resonado a lo largo de los siglos. Su muerte marcó un momento crucial en el Año de los Cuatro Emperadores, una etapa que, a pesar de su caos, ayudó a moldear la resiliencia del imperio.

Históricamente, Otón es una figura que refleja tanto las debilidades como las fortalezas humanas. Su vida es una advertencia sobre los peligros de la ambición desmedida, pero también una inspiración para quienes buscan actuar con integridad en los momentos más difíciles. Su historia continúa siendo una fuente de reflexión sobre el equilibrio entre el poder, la responsabilidad y la moralidad en el liderazgo.

8 - Vitelio: El Emperador del Año de los Cuatro Emperadores

En el corazón del turbulento Año de los Cuatro Emperadores, un hombre sin gran preparación militar ni una visión clara de su destino se vio catapultado al poder. Aulo Vitelio, un político romano de temperamento indomable, asumió el trono imperial en un contexto de caos absoluto. Su ascensión al poder fue rápida y violenta, pero también efímera. Vitelio, que nunca buscó ser emperador, se convirtió en el líder de Roma tras la muerte de Nerón y las luchas internas entre facciones rivales. Pero a pesar de haber ganado la batalla decisiva, su reinado no perduró más allá de unos pocos meses, dejando tras de sí una serie de lecciones sobre la fragilidad del poder y la naturaleza volátil de los imperios.

El caos del año 69 d.C., conocido como el Año de los Cuatro Emperadores, marcó una de las etapas más inciertas y sangrientas de la historia del Imperio Romano. Después de la muerte de Nerón, el imperio se vio sumido en un vacío de poder, y distintos generales se proclamaron emperadores, luchando entre sí por el control de Roma. Vitelio, aunque inicialmente considerado un líder débil y poco preparado para gobernar, logró imponerse en una serie de batallas y se convirtió en emperador, aunque su reinado resultó ser de corta duración.

Nacido el 24 de septiembre del año 15 d.C., Vitelio provenía de una familia senatorial de una tradición militar notable. Su padre, Lucio Vitelio, había sido un destacado oficial bajo el emperador Tiberio. A pesar de este linaje, Aulo Vitelio no era un hombre destinado inicialmente a la fama ni a la grandeza. Fue un hombre que pasó sus primeros años en una vida de relativa obscuridad, pero la caída del emperador Nerón y los conflictos de sucesión lo llevaron a la cumbre del poder.

La infancia y formación de Vitelio estuvieron marcadas por una educación romana tradicional, que incluía el estudio de la retórica y las artes militares. A pesar de las expectativas familiares, Vitelio no parecía ser un hombre de ambiciones desmesuradas. Durante su juventud, su carrera en la política romana avanzó lentamente, y pasó mucho tiempo en diferentes cargos administrativos y diplomáticos. Sin embargo, su verdadero ascenso comenzó cuando se alineó con las facciones militares durante el colapso del imperio de Nerón.

El 69 d.C. sería un año que cambiaría la historia del Imperio Romano. Con la muerte de Nerón en 68 d.C., Roma se vio sumida en un vacío de poder. Los ejércitos de las provincias se alzaron en rebelión, y varios generales comenzaron a luchar por el control del imperio. Fue en este clima de caos que Vitelio, quien en ese momento era el gobernador de la región de Germania, fue proclamado emperador por sus tropas en enero de 69. Vitelio, inicialmente reticente y sorprendido por el apoyo de sus soldados, aceptó el título sin ser completamente consciente de las implicaciones que tendría para él.

La noticia de su ascensión al poder fue recibida con desconfianza por muchas facciones de Roma, quienes preferían a Galba, otro general proclamado emperador. Las luchas internas entre estos grupos culminaron en la famosa Batalla de Bedriacum, donde las fuerzas de Vitelio derrotaron al ejército de Otho, otro pretendiente al trono. Vitelio emergió como el nuevo emperador de Roma, aunque su victoria fue más un reflejo de la debilidad de sus oponentes que de su propia habilidad política o militar.

A pesar de su victoria en la batalla, Vitelio nunca fue capaz de consolidar su poder de manera efectiva. Su gobierno fue caracterizado por la falta de una visión clara para el imperio. A diferencia de otros emperadores más carismáticos o ambiciosos, Vitelio no tenía una agenda política definida. En lugar de buscar reformas importantes o cambiar el curso del imperio, se centró más en mantener su posición a través de medidas temporales. Su gestión estuvo marcada por el desorden y la falta de dirección. No logró ganarse el apoyo de las élites romanas ni de las tropas de forma duradera.

Durante su breve reinado, Vitelio mostró pocas habilidades de liderazgo y fue criticado por su comportamiento indulgente y por su falta de interés en los asuntos del imperio. En lugar de centrarse en las políticas de gobierno o las reformas sociales, se entregó a los placeres del lujo y la decadencia, rodeado de festines y celebraciones. Su reputación como un hombre que favorecía el exceso y la indulgencia contrastaba con la seriedad de los problemas que enfrentaba Roma en ese momento.

En su vida personal, Vitelio era conocido por su carácter extravagante y su tendencia a la autoindulgencia. Su debilidad para tomar decisiones firmes y su enfoque en el placer personal en lugar de la administración del estado le ganaron muchos detractores. Sin embargo, su ascenso al poder también le dio una visión más clara de las divisiones internas de Roma. Como emperador, no tuvo la capacidad de superar la lucha de facciones que caracterizaba la política romana en ese periodo.

El final de su reinado llegó rápidamente. En octubre de 69 d.C., apenas ocho meses después de haber asumido el trono, las fuerzas de Vespasiano, otro general que se había proclamado emperador en Oriente, avanzaron hacia Roma. Vitelio intentó resistir, pero sus fuerzas fueron derrotadas. El propio emperador fue capturado por las tropas victoriosas y llevado ante el Senado, donde fue ejecutado el 22 de diciembre de 69 d.C. Su muerte marcó el fin de su breve reinado y el ascenso de Vespasiano, quien consolidó el poder y restauró la estabilidad al imperio.

A pesar de la corta duración de su reinado, Vitelio dejó una marca en la historia de Roma. Su ascensión al poder y su incapacidad para manejar las tensiones internas del imperio demostraron las fragilidades del sistema imperial romano. Su vida es un recordatorio de cómo el destino de los imperios puede ser incierto y cómo el poder puede ser ganado y perdido en un abrir y cerrar de ojos.

¿Qué nos enseñó Vitelio?

La vida de Vitelio nos ofrece valiosas lecciones sobre la fragilidad del poder y la importancia del liderazgo visionario. A pesar de haber logrado ascender al trono en un momento de gran inestabilidad, su incapacidad para consolidar su poder y enfrentar los desafíos del imperio demuestran que no basta con tener una oportunidad para ser un líder efectivo. La historia de Vitelio subraya que, para gobernar con éxito, un líder debe tener una visión clara y la capacidad de tomar decisiones firmes y prudentes, algo que Vitelio, lamentablemente, no pudo hacer.

El aporte de Vitelio a la humanidad

El legado de Vitelio no está marcado por contribuciones duraderas al imperio romano ni por reformas significativas, sino por la enseñanza de las limitaciones del poder cuando no se ejerce con sabiduría. Su corta vida como emperador demuestra cómo los momentos de crisis pueden dar paso a líderes que, aunque pueden ganar poder rápidamente, no siempre tienen la capacidad de mantenerlo ni de transformar sus circunstancias a largo plazo. La historia de Vitelio sigue siendo un recordatorio de la importancia de la preparación, la integridad y la visión en el liderazgo político.

Vitelio, por lo tanto, es una figura que, aunque efímera, ofrece una reflexión profunda sobre las dinámicas del poder en una Roma en plena crisis, y cómo la falta de visión y dirección puede llevar incluso a los emperadores más poderosos a la caída.

9 - Vespasiano: El emperador que restauró Roma

Cuando el general romano Tito Flavio Vespasiano ascendió al trono imperial en el año 69 d.C., el Imperio Romano estaba en un estado de crisis sin precedentes. Tras la muerte del emperador Nerón en 68 d.C., Roma se sumió en un vacío de poder que dio lugar a una feroz lucha por el control del imperio, conocida como el Año de los Cuatro Emperadores. En medio de este caos, Vespasiano emergió como el líder que restauraría el orden y la estabilidad, logrando una victoria decisiva en la batalla por el trono. Su reinado marcó el inicio de la dinastía Flavia, y con él, un período de prosperidad para Roma, que perduraría más allá de su muerte. Aunque su ascenso al poder no estuvo exento de desafíos, su legado como emperador perduró por siglos, y su habilidad para consolidar el poder y administrar el vasto imperio romano se convirtió en un modelo para los emperadores posteriores.

Vespasiano nació el 17 de noviembre de 9 d.C. en la ciudad de Falacrina, en la región central de Italia, cerca de Rieti. Provenía de una familia modesta, su padre era un hombre de rango ecuestre, lo que le permitió ingresar a la política romana. Sin embargo, a diferencia de muchos de los emperadores posteriores, Vespasiano no provenía de una familia noble ni de una línea de líderes preeminentes. Su ascenso al poder fue resultado de su habilidad, ambición y, por supuesto, del contexto histórico que permitió que un hombre de su origen llegara a la cima del poder.

En su juventud, Vespasiano no destacó particularmente por su brillantez académica ni por sus capacidades oratorias, lo que era bastante común entre los miembros de las familias senatorias de la época. Sin embargo, su carácter firme, su capacidad para enfrentar la adversidad y su astucia política fueron lo que lo distinguieron de muchos de sus contemporáneos. Fue en su carrera militar donde Vespasiano empezó a forjar su reputación. A lo largo de su vida, ocupó diversos cargos de importancia, pero fue su participación en la guerra contra los judíos en Judea, a partir del 66 d.C., lo que lo catapultó a la fama. Vespasiano fue enviado por el emperador Nerón para sofocar la rebelión judía, y aunque en un principio la situación le pareció desesperada, consiguió finalmente someter a los rebeldes.

Durante el sitio de Jerusalén, en el 70 d.C., Vespasiano, junto a su hijo Tito, puso en marcha una serie de tácticas militares que finalmente llevaron a la caída de la ciudad y al saqueo del Templo de Jerusalén. Este éxito militar consolidó aún más su fama. La victoria en Judea, junto con la habilidad para mantener la lealtad de sus tropas y su estrecha relación con los senadores, lo convirtió en uno de los hombres más poderosos de Roma. No obstante, fue el vacío de poder dejado por la muerte de Nerón lo que dio la oportunidad a Vespasiano de reclamar el trono.

Cuando Galba, Otho y Vitellius se disputaban el control del imperio, Vespasiano se encontraba en el este, al frente de su campaña en Judea. Fue en este contexto de guerra civil que Vespasiano, apoyado por las legiones en Oriente, fue proclamado emperador en el 69 d.C. El general no dudó en tomar la oportunidad y, tras el suicidio de Otho y la derrota de Vitellius, Vespasiano llegó finalmente a Roma, donde fue recibido como el nuevo emperador.

Vespasiano asumió el trono en un periodo crítico para Roma. El Imperio Romano se encontraba desgarrado por luchas internas, y el trono de emperador no era considerado seguro. A pesar de su victoria, Vespasiano tuvo que enfrentar una serie de dificultades políticas y militares. El desorden en las provincias, la desconfianza hacia las nuevas autoridades y la necesidad de restablecer la estabilidad económica eran solo algunos de los desafíos que enfrentó. Sin embargo, gracias a su experiencia y sentido práctico, Vespasiano supo imponer su autoridad y restaurar el orden.

Durante su gobierno, Vespasiano implementó una serie de reformas que mejoraron la administración del imperio y, lo más importante, fortalecieron las finanzas romanas. Una de las medidas más famosas de su gobierno fue la creación del impuesto sobre el orín, una fuente de ingresos para el tesoro imperial que, aunque hoy nos parezca algo insólito, era una fuente considerable de dinero. Vespasiano también ordenó la construcción de varios monumentos emblemáticos, como el Coliseo, un símbolo eterno de Roma y un legado arquitectónico de su reinado.

Vespasiano fue un hombre de carácter fuerte y pragmático. Aunque se le conoce por su actitud austera y su capacidad para tomar decisiones difíciles, también era consciente de la necesidad de ganarse la lealtad del pueblo y de la clase senatorial. Se dedicó a restaurar la moral y la disciplina dentro de la administración imperial, lo que le permitió ganar el respeto de las élites romanas. A diferencia de emperadores anteriores, que eran conocidos por sus excesos y sus debilidades políticas, Vespasiano gobernó con firmeza, pero también con una dosis de sabiduría práctica que le permitió mantener la estabilidad en Roma.

En lo personal, Vespasiano era conocido por su sencillez y su actitud directa. Se decía que su sentido del humor era notable, y que no dudaba en hacer comentarios mordaces cuando la situación lo requería. De hecho, se cuenta que cuando un senador le ofreció un consejo muy costoso, Vespasiano dijo que no se podía pagar con dinero, sino con sabiduría. Además, era conocido por su humildad en comparación con otros emperadores, y nunca se mostró demasiado preocupado por las apariencias, algo que contrastaba con la opulencia de muchos de sus contemporáneos.

El 23 de junio del 79 d.C., Vespasiano murió en su villa de Alban Hills, tras haber gobernado Roma durante diez años. Su reinado se caracterizó por la restauración de la estabilidad política y económica, y su legado perduró más allá de su muerte a través de su hijo Tito, quien continuó con su obra. Vespasiano fue sucedido por su hijo, quien completó la construcción del Coliseo y continuó las reformas de su padre. La dinastía Flavia, a través de su gobierno, sentó las bases para la prosperidad del Imperio Romano en los años venideros.

¿Qué nos enseñó Vespasiano?

La vida de Vespasiano nos enseña el valor de la pragmática y la austeridad en tiempos de crisis. Su capacidad para tomar decisiones sabias en momentos de gran incertidumbre y su habilidad para restaurar el orden en un imperio en ruinas demuestra que la verdadera grandeza radica en la habilidad de adaptarse a las circunstancias y manejar los desafíos con resolución. Vespasiano no era un líder que buscara la gloria personal, sino que se dedicó a la restauración de

Roma y al bienestar del pueblo, un ejemplo de liderazgo orientado a lo colectivo y al largo plazo.

El aporte de Vespasiano a la humanidad

El legado de Vespasiano es vasto y perdurable. Fue el responsable de restaurar el orden en el Imperio Romano tras un periodo de caos político, y su gobierno trajo consigo una estabilidad económica y política que permitió que Roma floreciera. Su impulso a la construcción del Coliseo no solo marcó un hito arquitectónico, sino que también consolidó su legado en la cultura romana. Además, su habilidad para implementar reformas fiscales innovadoras, como el impuesto sobre el orín, demostró su agudeza económica. Vespasiano sentó las bases para la consolidación de la dinastía Flavia y la continuidad del imperio en la era de los Flavios.

La vida de Vespasiano nos invita a reflexionar sobre el poder de la resolución, la humildad y la capacidad de aprender de las circunstancias. En tiempos de caos y incertidumbre, un líder debe ser capaz de tomar decisiones difíciles, de mantener el foco en el bienestar de la comunidad y de restaurar la confianza en un sistema que ha perdido su rumbo. Vespasiano demuestra que la grandeza no siempre se mide por la ambición personal, sino por la capacidad de dejar una huella duradera en la historia.

10 - Tito: El emperador que desafió el destino

Cuando el joven Tito Flavio Vespasiano asumió el trono como emperador en el 79 d.C., lo hizo no solo como hijo de un emperador popular, sino también en el ojo de un cataclismo que cambiaría para siempre la historia de Roma. A pesar de la corta duración de su reinado, solo dos años, Tito dejó una huella indeleble en la historia del Imperio Romano, enfrentando desafíos tanto naturales como políticos con una capacidad de liderazgo que lo consolidó como un emperador admirado. Entre los eventos más recordados de su breve reinado, se encuentra la erupción del monte Vesubio, que destruyó las ciudades de Pompeya y Herculano, y la culminación de la obra monumental del Coliseo. Tito, que había heredado la capacidad militar y administrativa de su padre, Vespasiano, también mostró una humanidad y dedicación al pueblo que lo hicieron querido y respetado, no solo por su pueblo, sino también por los historiadores de su época.

Nacido el 30 de diciembre del 39 d.C. en Roma, Tito era el primogénito de Vespasiano, quien en ese momento comenzaba su carrera militar y política. Su madre, Domitila, pertenecía a una familia noble de la clase ecuestre, lo que ayudó a Tito a ingresar al mundo de la política romana desde muy joven. En su infancia, fue educado en la retórica y las artes militares, disciplinas esenciales para cualquier aspirante a líder en la Roma imperial. A pesar de ser hijo de un general militar, la relación con su padre fue complicada en sus primeros años, debido a las dificultades que Vespasiano enfrentaba para ascender en la jerarquía del poder romano. Tito creció observando las luchas de su padre, lo que lo moldeó para ser una figura resiliente y determinada, capaz de enfrentar las adversidades de manera calculada.

La carrera de Tito comenzó en la tradición romana de los jóvenes nobles: como parte de la educación de los hijos de la aristocracia, fue destinado a una serie de misiones militares y políticas en las provincias romanas. A principios de la década de 60, Tito participó en varias campañas en Judea, donde su padre era el comandante principal. En la guerra judeo-romana, Tito se destacó por su valentía y destreza táctica, lo que consolidó su nombre en los círculos militares. Años después, en el 70 d.C., cuando su padre asumió el trono imperial, Tito fue nombrado comandante en jefe de las fuerzas romanas que sitiarían Jerusalén. El asedio y la posterior destrucción de la ciudad fueron considerados uno de los mayores triunfos militares de Roma, y Tito fue recibido como un héroe al regresar a la ciudad.

Sin embargo, el legado de Tito no se limitó solo a su habilidad militar. Durante su tiempo en Judea, y más tarde al asumir el trono imperial, Tito comenzó a desarrollar un sentido de justicia y bienestar para con los ciudadanos de Roma. Este enfoque hacia el pueblo romano, sumado a su sentido de responsabilidad y humildad, contribuyó a que fuera visto como un emperador cercano y benevolente. La política de Tito se destacó por su preocupación por aliviar las cargas de los ciudadanos, especialmente durante tiempos de crisis, lo que hizo que fuera muy querido entre el pueblo.

En el 79 d.C., a la muerte de su padre, Tito ascendió al trono en un momento de grandes dificultades para Roma. En su primer año de gobierno, Tito se enfrentó a dos de los desastres naturales más devastadores que jamás había experimentado el imperio: el incendio de Roma y la erupción del Vesubio, que arrasó con Pompeya y Herculano. Mientras muchos emperadores se habrían visto debilitados por tales tragedias, Tito los enfrentó con una firmeza admirable. Tras la erupción, se le atribuye la organización de los esfuerzos de socorro, la reconstrucción de las ciudades afectadas y la atención a los damnificados. A pesar de la magnitud de la tragedia, Tito gestionó la crisis de manera que no solo preservó el orden, sino que mejoró la imagen del Imperio Romano frente a sus ciudadanos.

El Coliseo, una de las más grandes obras arquitectónicas de Roma, también fue inaugurado durante su reinado. Aunque la construcción del Coliseo había comenzado bajo su padre, fue Tito quien lo completó y lo presentó al pueblo romano. El anfiteatro no solo era un símbolo de la grandeza de Roma, sino también un testimonio de la capacidad de Tito para gestionar proyectos monumentales que simbolizaban la prosperidad y la estabilidad del imperio. Durante los primeros juegos en el Coliseo, Tito organizó un espectáculo de 100 días que incluyó luchas de gladiadores, batallas navales simuladas y cacerías de animales, un evento que quedó grabado en la memoria de Roma por su magnitud.

Sin embargo, a pesar de sus logros, el reinado de Tito estuvo marcado por controversias políticas. Su relación con su hermano Domiciano, quien más tarde sería emperador, fue tensa y marcada por disputas sobre el poder. Domiciano, quien era más ambicioso y agresivo, no compartía la política conciliadora y moderada de Tito. Aunque Tito nunca llegó a ceder completamente al estilo de vida lujoso y autocrático que caracterizó a su hermano, las tensiones entre ellos fueron inevitables. No obstante, Tito se destacó por su disposición a perdonar a aquellos que lo habían atacado en su ascenso al trono, lo que le permitió consolidar su poder sin recurrir a la violencia o la represión.

En sus últimos días, Tito cayó enfermo y su salud se deterioró rápidamente. Murió el 13 de septiembre del 81 d.C., a la edad de 41 años, probablemente a causa de una fiebre. Su muerte prematura dejó a Roma desconcertada, pues muchos esperaban que su reinado durara más tiempo. Sin embargo, en los dos años que estuvo en el poder, Tito dejó un legado duradero, tanto en términos de política como de administración.

¿Qué nos enseñó Tito?

La vida de Tito nos ofrece una lección sobre cómo el liderazgo puede ser ejercido con humanidad y sensatez, incluso en tiempos de adversidad. A pesar de haber nacido en una familia con una tradición militar y de haber enfrentado innumerables desafíos, Tito destacó por su capacidad para enfrentar las crisis con compasión y pragmatismo. La erupción del Vesubio y la peste de Roma pusieron a prueba su carácter y liderazgo, y su habilidad para liderar en esos momentos críticos es un ejemplo de cómo un gobernante debe priorizar el bienestar de su pueblo por encima de las ambiciones personales. Tito nos enseña que la grandeza de un líder no siempre se mide por la duración de su reinado, sino por la calidad de su gestión en momentos de crisis.

El aporte de Tito a la humanidad

El legado de Tito es duradero, especialmente en lo que respecta a su enfoque humanitario en el gobierno y su habilidad para restaurar el orden tras la catástrofe. A nivel arquitectónico, la finalización del Coliseo es uno de los legados más visibles de su reinado. Este edificio no solo se erige como un monumento a la grandeza de Roma, sino también como un símbolo de la habilidad de Tito para gestionar proyectos masivos que reflejaban la unidad y el poder de su imperio. La política de ayuda a los damnificados por la erupción del Vesubio también marcó un hito en la gestión de crisis en el mundo antiguo. A pesar de su corto reinado, Tito logró consolidar su lugar en la historia como un emperador que, aunque enfrentado a tragedias, supo brindar esperanza y alivio a su pueblo.

11 - Domiciano: El emperador que se enfrentó a su propia sombra

El 18 de septiembre del 96 d.C., en las frías y oscuras salas del palacio imperial de Roma, un grito resonó en los pasillos. Domiciano, el emperador que había gobernado con mano de hierro, y cuya paranoia y severidad lo hicieron tan temido como respetado, yacía asesinado, víctima de una conspiración palaciega. Su muerte marcó el fin de una era y el inicio de la dinastía de los Antoninos, pero, aunque su reinado fue breve y oscuro, Domiciano dejó una huella imborrable en la historia del Imperio Romano. Desde sus primeras decisiones como emperador hasta sus últimos días, Domiciano se enfrentó a desafíos que lo definieron, pero también a una creciente tensión interna que lo sumergió en una espiral de desconfianza y aislamiento. ¿Qué llevó a este emperador a ganarse la reputación de tirano y, al mismo tiempo, dejar su marca en la construcción del imperio que heredó?

Nacido en Roma en el 51 d.C., Domiciano fue el hijo menor del emperador Vespasiano y hermano de Tito, a quien sucedió en el trono tras su muerte prematura en 81 d.C. En un principio, la vida de Domiciano parecía estar destinada a seguir el camino de su padre y hermano. Vespasiano, quien había llegado al trono como parte de la dinastía Flavia después de la caída de Nerón y la breve crisis de los cuatro emperadores, había logrado consolidar el poder y devolver la estabilidad al Imperio Romano tras la turbulencia. Tito, su hermano, había continuado con este legado, pero la muerte prematura de Tito dejó a Domiciano como el único heredero del Imperio. A diferencia de su padre, quien se destacó por ser pragmático y calculador, Domiciano adoptó un enfoque más agresivo y absoluto del poder, una estrategia que lo llevaría al enfrentamiento con la aristocracia senatorial y la clase política de Roma.

Desde sus primeros años como emperador, Domiciano se caracterizó por su afán de centralizar el poder y mantener el control absoluto. Su política fiscal, que aumentó los impuestos y fortaleció el control sobre las provincias, fue vista por muchos como una medida necesaria para garantizar la estabilidad financiera del imperio, pero también generó descontento entre las clases altas.

A diferencia de su padre y su hermano, que preferían trabajar de manera más consensuada con el Senado, Domiciano se mostró reacio a delegar poder. La construcción de un imperio sólido requería, en su opinión, un control firme y directo desde la cima. Su actitud hacia el Senado se tornó cada vez más hostil, lo que provocó un distanciamiento con los senadores y una creciente tensión en la vida política de Roma. A pesar de ser un gobernante eficaz en algunos aspectos, su creciente desconfianza en los demás y su paranoia sobre los posibles complots contra su vida y su poder lo llevaron a tomar medidas extremas, que terminaron por distanciarlo aún más de su propia gente.

Uno de los mayores logros de Domiciano fue su reforma monetaria, que permitió estabilizar la economía romana después de las crisis económicas que atravesaba el imperio. Implementó una política de acuñación de monedas que ayudó a mantener el valor del denario romano. Además, llevó a cabo una serie de proyectos de construcción, entre los cuales se destacan la mejora de las infraestructuras de Roma, como el estadio de Domiciano (hoy conocido como el Estadio de Domitian), y la restauración de templos y edificios públicos que habían sufrido daños en las décadas anteriores. Su trabajo en la construcción no solo embelleció la ciudad, sino que también simbolizó la poderío y la grandiosidad del Imperio Romano bajo su mandato.

Domiciano también adoptó políticas que promovían la cultura y el arte. Durante su reinado, se produjo un resurgimiento de la literatura y las artes, financiado por el emperador, que veía en la cultura un medio para consolidar su imagen y legitimidad. En el ámbito militar, Domiciano también dejó su marca. Realizó exitosas campañas militares en el norte de Europa, en Germania y Dacia, consolidando las fronteras del imperio y asegurando su defensa frente a las tribus bárbaras. Sin embargo, fue precisamente en sus últimos años cuando su figura se fue oscureciendo, ya que sus decisiones de gobierno se tornaron más autoritarias y agresivas.

El autoritarismo de Domiciano no fue solo político, sino también religioso. Se autoproclamó "dominus et deus" (señor y dios), una frase que reflejaba su necesidad de ser considerado no solo un emperador, sino una figura divina. Este tipo de culto imperial fue un punto de fricción con los romanos, quienes no estaban acostumbrados a un emperador que se considerara a sí mismo divino.

Su actitud hacia el pueblo también se vio influida por su creciente paranoia. Domiciano despidió a muchos de sus consejeros más cercanos, algunos de los cuales fueron ejecutados bajo acusaciones de traición, mientras que otros fueron exiliados. Los senadores se vieron atrapados entre la necesidad de mostrarle su apoyo para asegurar su poder, y el miedo a ser eliminados si caían en desgracia.

Entre las figuras más destacadas que se vieron envueltas en las políticas represivas de Domiciano estaba su propia esposa, Domitia Longina. Aunque Domiciano no fue un emperador excesivamente cruel en el sentido físico, su administración política se caracterizó por el uso de la represión para garantizar su control absoluto. Los envenenamientos, las conspiraciones, los juicios públicos y las ejecuciones fueron comunes durante su reinado, lo que llevó a muchos a describir su gobierno como tiránico. Sin embargo, a pesar de la opresión y el miedo que caracterizaron su reinado, Domiciano también dejó un legado de progreso en varios aspectos del gobierno romano.

El fin de su reinado llegó en 96 d.C., cuando un grupo de conspiradores dentro de su propia corte, liderados por su sirviente y algunos miembros del Senado, decidieron asesinarlo. A pesar de su paranoia, no pudo anticipar la conspiración que se tramaba en su propio entorno. La muerte de Domiciano marcó el fin de la dinastía Flavia y el inicio del período conocido como los "Cinco Buenos Emperadores", quienes restablecieron en cierto modo la estabilidad y la relación con el Senado. Domiciano fue sucedido por Nerva, quien adoptó una política más conciliadora que pronto dio frutos para el imperio.

¿Qué nos enseñó Domiciano?

La figura de Domiciano nos muestra las complejidades del poder absoluto. Su reinado, aunque marcado por sus logros en la administración, la construcción y la defensa del imperio, también fue testigo de los peligros inherentes al autoritarismo y la centralización del poder. La historia de Domiciano enseña que, aunque la eficacia en el gobierno y el deseo de consolidar la unidad del imperio son importantes, el uso excesivo del control y la represión puede llevar a la desconfianza, el aislamiento y, finalmente, la caída. Además, la historia de su vida refleja la lucha interna entre el deseo de legitimidad y el miedo a la traición, una dualidad que caracteriza a muchos líderes en la historia.

El aporte de Domiciano a la humanidad

Aunque el legado de Domiciano está marcado por su tiranía, también dejó un importante legado en cuanto a la estructura del Imperio Romano. Su política de fortalecimiento de las fronteras y su capacidad para restaurar la estabilidad financiera de Roma en tiempos difíciles fueron cruciales para la supervivencia del imperio a largo plazo. Las reformas fiscales y monetarias que implementó contribuyeron a la consolidación de un imperio que, durante su reinado, experimentó un resurgimiento económico. Además, sus contribuciones en el ámbito cultural y de infraestructura dejaron una huella visible, especialmente en la ciudad de Roma. Aunque su legado se vea empañado por la manera en que gobernó, Domiciano fue un emperador que, a pesar de sus defectos, desempeñó un papel importante en la historia de Roma.

12 - Nerva: El Emperador de la Transición

El 18 de septiembre del 96 d.C., tras la muerte de Domiciano, el Imperio Romano se encontraba en un momento crucial de su historia. Tras un reinado marcado por la tiranía y el aislamiento, el Imperio necesitaba estabilidad, un cambio que restaurara la confianza tanto entre las clases altas como entre el pueblo romano. La elección de Nerva como emperador sorprendió a muchos, ya que su figura no era la de un general carismático o un líder militar impresionante, sino la de un hombre de senatorial prestigio que representaba una esperanza de renovación política. En su breve reinado, de tan solo dos años, Nerva logró iniciar una serie de reformas que sentaron las bases para el período de mayor prosperidad del Imperio Romano conocido como la era de los "Cinco Buenos Emperadores". Pero, ¿quién era este hombre que, sin ser una figura militar destacada, logró gobernar con sabiduría y equilibrio en un momento tan delicado de la historia de Roma?

Nerva nació en el año 30 d.C. en una familia de la nobleza romana, los Ulpios, en lo que hoy sería la ciudad de Nerva, en la región de la Sabina. Pertenecía a una familia de raíces senatorias que, si bien no ostentaba grandes poderosos vínculos militares, tenía una sólida tradición en la administración pública. Su padre fue Cneo Domicio Corbulo, un hombre de renombre en Roma, lo que le permitió a Nerva recibir una educación adecuada a su estatus, centrada en la oratoria, la filosofía, y la política. Aunque en su juventud no se destacaba por sus hazañas bélicas ni por su impetuosidad en la lucha, su carácter fue forjado en el corazón mismo de la política romana, donde se cultivaba el arte de la diplomacia y el liderazgo.

A lo largo de su carrera política, Nerva desempeñó varios cargos importantes en la administración romana. Fue consul en el 71 d.C. y pasó años sirviendo en diversas posiciones gubernamentales, donde se ganó una reputación como un hombre sensato, equilibrado y justo, cualidades que más tarde serían esenciales para su ascenso al trono imperial. Durante su vida temprana, fue testigo de las continuas luchas por el poder entre las distintas facciones dentro del imperio, incluyendo el reinado de Nerón y la posterior guerra civil tras su muerte, que culminó con la llegada de Vespasiano al poder. A pesar de no haber participado directamente en las campañas militares ni en los eventos más dramáticos de la historia romana, Nerva comprendió la importancia de la estabilidad política, tanto en la capital como en las provincias.

Al morir Domiciano, quien había gobernado con mano de hierro, un vacío de poder se presentó en Roma. La situación política era volátil; muchos senadores resentían el autoritarismo del emperador fallecido, y otros deseaban un cambio profundo en la manera en que se administraba el imperio. En este contexto, Nerva fue elegido como emperador por el Senado, no por un golpe de fuerza, sino por su capacidad de conciliar distintas facciones. En su ascenso al poder, Nerva no tenía una gran base militar ni un ejército propio, lo que generó dudas entre algunos sectores. Sin embargo, comprendió rápidamente que el equilibrio y la moderación serían las claves de su gobierno.

Su reinado se caracterizó por la restauración de las libertades senatoriales y por una serie de reformas que buscaban restaurar la paz interna. La más importante de estas reformas fue la adopción de un sistema de sucesión basado en la capacidad, más que en la línea de sangre, lo que le permitió adoptar a Trajano, un general de prestigio y lealtad, como su sucesor. Esta decisión, que pudo haber sido vista como una rendición al poder militar, en realidad sentó las bases de una nueva forma de gobernar en Roma, mucho más orientada hacia el mérito que hacia la familia imperial. Nerva, consciente de sus limitaciones físicas y de edad, entendió que su papel como emperador no debía ser visto como un derecho, sino como una responsabilidad para garantizar la continuidad del imperio.

Nerva también trabajó por mejorar la situación económica de Roma. Durante su reinado, promulgó leyes que favorecían a las clases más desfavorecidas, especialmente a los plebeyos y a los esclavos. Introdujo reformas fiscales que ayudaron a aliviar las cargas tributarias sobre los ciudadanos más pobres y, al mismo tiempo, trabajó para asegurarse de que el imperio tuviera suficiente estabilidad financiera para afrontar sus desafíos. Durante su breve gobierno, Nerva también inició proyectos de construcción pública, incluidos trabajos en el sistema de abastecimiento de agua y el embellecimiento de la ciudad.

Sin embargo, las tensiones no tardaron en surgir durante su reinado. La política de Nerva de favorecimiento a las clases bajas y la falta de una base militar sólida lo pusieron en una situación delicada. El malestar de las élites romanas y el resentimiento de los militares, que deseaban más recompensas por sus lealtades, pusieron al emperador en un estado constante de tensión. En el año 97 d.C., Nerva fue víctima de un intento de golpe de estado por parte de la Guardia Pretoriana, la fuerza militar encargada de proteger al emperador. El golpe fue abortado rápidamente, y el emperador logró mantener su trono, pero el incidente demostró lo vulnerable que era su posición.

Nerva murió en el año 98 d.C., después de un reinado que, aunque breve, dejó un impacto profundo en la historia de Roma. Murió de causas naturales, y su legado sería continuado por Trajano, quien rápidamente se consolidaría como uno de los emperadores más exitosos y admirados del Imperio Romano. Nerva fue enterrado en el Mausoleo de Augusto, en Roma, un honor que subraya la importancia de su figura para la historia imperial.

¿Qué nos enseñó Nerva?

Nerva nos enseña la importancia de la moderación, la sabiduría y la humildad en el liderazgo. En un momento de crisis, cuando el imperio parecía estar al borde de la inestabilidad, Nerva no trató de aferrarse al poder por la fuerza, sino que trabajó para restaurar la confianza entre las diferentes facciones del Estado romano. Su política de conciliar y escuchar las necesidades de las clases más bajas, junto con su decisión de adoptar a Trajano como sucesor, muestran cómo la visión de un líder puede trascender las limitaciones personales y las luchas internas.

El aporte de Nerva a la humanidad

El principal legado de Nerva radica en su establecimiento de un sistema de sucesión basado en el mérito. Al adoptar a Trajano, un general que no pertenecía a la familia imperial, Nerva rompió con la tradición de la herencia dinástica y sentó un precedente para que los futuros emperadores de Roma fueran elegidos en función de sus habilidades y logros. Este cambio ayudó a garantizar la estabilidad política en los años siguientes, durante el reinado de los "Cinco Buenos Emperadores", período que es recordado por su prosperidad y crecimiento. Además, Nerva contribuyó a la evolución del sistema romano, introduciendo reformas fiscales que mejoraron las condiciones de vida de las clases bajas y mostrando que la empatía y la justicia podían ser partes fundamentales de un gobierno imperial. Su breve reinado demostró que incluso un emperador sin grandes éxitos militares podía dejar un impacto duradero mediante la sabiduría, la moderación y un enfoque humanista en la política.

13 - Trajano: El Emperador que Expandió Roma

En el año 113 d.C., en el umbral del Imperio Romano, un hombre que nunca tuvo aspiraciones dinásticas y que no nació en la familia imperial, alcanzó la cúspide del poder. Su nombre era Marco Ulpio Trajano, conocido por ser uno de los emperadores más exitosos de Roma, y por la expansión territorial que llevó al Imperio a su mayor extensión. Trajano fue el primer emperador romano de origen no italiano, nacido en Hispania, un testimonio de cómo el Imperio Romano había crecido, y cómo incluso aquellos que no formaban parte de las antiguas élites podían ascender al poder. Bajo su liderazgo, Roma vivió una era de prosperidad, expansión y avances arquitectónicos que dejarían una huella duradera en la historia de la civilización occidental. Pero la grandeza de Trajano no solo se mide por la extensión de sus conquistas, sino por la forma en que lideró con visión y pragmatismo, y por los valores de justicia y equidad que impulsaron su gobierno.

Trajano nació en el año 53 d.C. en la ciudad romana de Itálica, en la provincia de Hispania Baetica, situada en la actual Andalucía, España. Su familia pertenecía a la aristocracia local, con una larga tradición de servicio militar y político. Su padre, también llamado Marco Ulpio Trajano, fue un senador destacado y desempeñó diversas funciones dentro del gobierno imperial. El joven Trajano creció en un entorno donde la política y el servicio público eran normas, lo que le permitió tener una educación centrada en la oratoria, las artes militares y la gestión de los asuntos imperiales. Desde muy joven, se unió al ejército romano, donde demostró habilidades excepcionales, y pronto escaló posiciones, alcanzando el rango de gobernador de diversas provincias, lo que cimentó su futura carrera hacia el poder absoluto.

A lo largo de su vida temprana, Trajano destacó por su disciplina y su capacidad para adaptarse a diferentes entornos. Fue una figura militar formidable, y durante su servicio en Germania y en las provincias orientales, se ganó la admiración tanto de sus tropas como de los senadores romanos. Su habilidad para forjar alianzas con los líderes de las provincias y su capacidad para manejar las diversas tensiones políticas y sociales de las regiones del Imperio le permitió crear una red de apoyo que lo respaldó cuando llegó el momento de convertirse en emperador. Aunque su ascenso al trono fue en parte facilitado por su estatus como cercano al emperador Nerva, la habilidad estratégica de Trajano para ganarse la lealtad tanto de las élites romanas como de los soldados fue esencial para su éxito.

El ascenso de Trajano al poder fue una transición pacífica, en parte gracias a las reformas de su predecesor, Nerva, quien adoptó a Trajano como su hijo adoptivo y sucesor. Esta decisión, que rompió con la tradición de la sucesión hereditaria, fue crucial para garantizar la estabilidad del Imperio Romano. Trajano asumió el trono en el año 98 d.C., y su reinado marcó el comienzo de un período de gran expansión para Roma, un reinado que duró hasta su muerte en 117 d.C. Su mandato estuvo caracterizado por una serie de victorias militares, reformas políticas y un renacimiento de la arquitectura romana. Trajano no solo consolidó las fronteras del Imperio Romano, sino que las amplió significativamente, estableciendo una época dorada en la que Roma se encontraba en su apogeo.

Uno de los logros más significativos de Trajano fue la exitosa campaña en Dacia, una región que se encontraba al norte del Imperio, en lo que hoy es Rumanía. Esta guerra, que duró desde el año 101 hasta el 106 d.C., resultó en la anexión de Dacia al Imperio Romano, lo que permitió a Trajano obtener un vasto botín de oro y recursos, y aseguró el suministro de riqueza para Roma durante generaciones. La victoria fue celebrada en Roma con la construcción de la famosa Columna de Trajano, una obra maestra de la arquitectura que narra las victorias de Trajano de manera visual, y que aún hoy se erige en la ciudad eterna como un testimonio de su poder y éxito.

Otro de los aspectos clave del reinado de Trajano fue su relación con el Senado y las clases sociales en Roma. A diferencia de emperadores anteriores que adoptaron posturas autocráticas y opresivas, Trajano buscó siempre equilibrar el poder entre las diferentes facciones de la sociedad romana. Su gobierno se centró en el bienestar de las clases bajas y en mejorar la infraestructura del Imperio, lo que le permitió ganar el apoyo tanto de las élites como de las masas. Trajano implementó diversas reformas fiscales que promovieron la prosperidad de las ciudades romanas, y fue conocido por su política de distribución de tierras y ayudas a los ciudadanos más necesitados. Además, mejoró las condiciones de vida de los soldados y les dio una mayor estabilidad en su servicio, lo que reforzó la lealtad de las fuerzas armadas hacia él.

Trajano también fue responsable de una serie de proyectos arquitectónicos monumentales que transformaron la ciudad de Roma. Entre sus logros más destacados se encuentran la construcción de la famosa Plaza de Trajano, que incluía un mercado, una gran plaza y la mencionada columna, así como la renovación del Foro Romano, que se convirtió en un centro administrativo de la ciudad. Bajo su gobierno, Roma experimentó un auge en la construcción de infraestructuras públicas, como caminos, puentes y acueductos, que no solo mejoraron la calidad de vida de los ciudadanos, sino que también consolidaron la influencia de Roma en todo el Imperio.

La figura de Trajano también estuvo marcada por su carácter humano. A pesar de su fama como líder militar y su gran poder, Trajano se preocupaba profundamente por el bienestar de sus súbditos. Una de las historias más entrañables de su vida es su relación con el pueblo romano, especialmente con los más desfavorecidos. Se cuenta que, al enterarse de la falta de recursos para alimentar a los pobres en Roma, Trajano ordenó que se distribuyera comida y ayuda a aquellos en necesidad, con un gesto de generosidad que no era común entre los emperadores de la época. Además, su política de hacer que las provincias fueran gobernadas por senadores capacitados y comprometidos con el bienestar de sus habitantes le permitió ganarse el respeto de muchos.

En cuanto a su vida personal, Trajano fue un hombre respetado por su integridad. Su matrimonio con Pompeya Plotina fue una de las pocas relaciones estables dentro de la alta política romana, y se cuenta que ambos compartían una relación de mutuo respeto y admiración. Aunque no tuvieron hijos, Trajano adoptó a su sobrino, Adriano, quien más tarde se convertiría en emperador, asegurando la continuidad de la dinastía que Trajano había comenzado.

Trajano murió en el año 117 d.C., mientras se encontraba en la ciudad de Selinunte, en la provincia de Bitinia, en lo que hoy es Turquía. A pesar de su edad avanzada y de los problemas de salud que enfrentó en sus últimos años, su muerte fue recibida con gran pesar en todo el Imperio. Fue enterrado en un mausoleo en Roma, y su legado perduró a través de las generaciones. Fue sucedido por Adriano, quien continuó sus políticas y reformas.

¿Qué nos enseñó Trajano?

Trajano nos enseña el poder de la justicia, el liderazgo equilibrado y la importancia de la visión a largo plazo. Su reinado, que fue elogiado por su paz interna y la prosperidad, nos recuerda que un líder puede ser fuerte y respetado no solo por sus conquistas militares, sino también por su capacidad para pensar en el bienestar de su pueblo. Su capacidad para equilibrar los intereses del Senado, las élites y las clases bajas es una lección sobre cómo la equidad puede fortalecer a una nación.

El aporte de Trajano a la humanidad

El legado de Trajano es vasto y perdurable. Su expansión territorial, que llevó al Imperio Romano a su máxima extensión, consolidó la influencia de Roma durante siglos. Su enfoque en la construcción de infraestructuras, como carreteras, puentes y acueductos, permitió la expansión del comercio y la comunicación a través del Imperio. Además, su enfoque en el bienestar social y la equidad dejó una huella en las políticas públicas de Roma, y sus reformas fiscales y sociales mejoraron la calidad de vida de los ciudadanos. Trajano también dejó un legado arquitectónico duradero, con obras que todavía son admiradas hoy en día. Su habilidad para gobernar con integridad y su preocupación por el bienestar de su pueblo lo convierten en un modelo de liderazgo.

La vida de Trajano es un testimonio de cómo la sabiduría, la justicia y la capacidad para equilibrar los intereses de diversos grupos pueden crear un gobierno próspero y estable. Trajano demostró que el verdadero poder no solo proviene de la fuerza militar, sino de la capacidad para liderar con empatía, visión y justicia. Su legado perdura en la historia como uno de los grandes emperadores de Roma, un hombre que, a pesar de no haber nacido en la élite tradicional, alcanzó la grandeza y dejó una marca indeleble en la civilización occidental.

14 - Adriano: El Emperador Filósofo

Adriano, el emperador romano que gobernó de 117 a 138 d.C., es recordado no solo por sus grandes hazañas militares y sus impresionantes reformas arquitectónicas, sino por su visión profunda sobre el imperio y la cultura. Un hombre que alcanzó la cúspide del poder imperial, Adriano es también un símbolo de la reflexión, la prudencia y el amor por las artes y la filosofía. En un período marcado por la expansión y la consolidación del Imperio Romano, Adriano dejó una huella indeleble, tanto por su enfoque pragmático de la política como por su pasión por la belleza y el conocimiento.

En el año 117 d.C., poco después de la muerte de su predecesor, el emperador Trajano, Adriano asumió el poder, en un momento en el que el Imperio Romano se encontraba en su máxima extensión territorial. Nacido en Itálica, en la provincia romana de Hispania, en lo que hoy es la actual España, Adriano se convirtió en el tercer emperador de la dinastía de los Antoninos. Aunque su ascensión al poder fue facilitada por su relación con Trajano, a través de su adopción por parte del emperador, su reinado se caracterizó por una serie de transformaciones significativas tanto dentro como fuera de Roma, que marcaron la historia del Imperio durante siglos.

Adriano nació el 24 de enero del año 76 d.C. en Itálica, una ciudad fundada por los romanos en la provincia de Hispania Baetica. Su familia pertenecía a la aristocracia local, y su abuelo había sido cónsul en Roma. Desde joven, Adriano estuvo marcado por una educación que le permitió abrazar las ciencias y las artes. Fue educado en Roma, donde tuvo acceso a una amplia formación literaria, filosófica y política. La figura de Adriano fue moldeada por la tradición cultural romana, pero también se vio influenciada por sus viajes a Grecia, donde desarrolló una profunda admiración por la filosofía helenística y la cultura griega. Esta fascinación por la cultura griega no solo influyó en su estilo de vida, sino también en su visión política y su gobernanza.

El joven Adriano, a diferencia de muchos de sus predecesores y sucesores, no solo mostró un gran interés por la administración del Imperio, sino que también dedicó gran parte de su vida a la filosofía y la reflexión sobre la naturaleza del poder. Era un hombre que entendía que el imperio debía ser tanto un ente militar como cultural. Desde joven, fue un militar competente, destacándose en diversas campañas militares y siendo promovido rápidamente por sus logros. A través de su cercanía con Trajano, y su habilidad para ganarse la confianza de las élites romanas, Adriano ascendió al poder tras la muerte de su predecesor. Su relación con Trajano fue importante no solo porque fue su sucesor, sino porque Adriano adoptó el modelo de gobernanza que Trajano había establecido, pero lo mejoró con su propio enfoque personal.

El reinado de Adriano fue marcado por un enfoque más conservador en cuanto a las fronteras del Imperio Romano. En lugar de seguir expandiendo las fronteras como lo hizo su predecesor Trajano, Adriano tomó la decisión de consolidar las tierras que ya habían sido adquiridas. Esta decisión fue una de las más controvertidas de su reinado, ya que implicó la retirada de las tropas romanas de algunas regiones conquistadas recientemente, como la Mesopotamia y las tierras de Armenia. Esta retirada fue vista por algunos como una debilidad, pero Adriano la justificó como una medida pragmática para asegurar la estabilidad del Imperio a largo plazo. En su lugar, concentró sus esfuerzos en fortalecer las fronteras existentes, estableciendo una serie de fortificaciones, como el famoso Muro de Adriano en Britania, que marcaba la frontera norte del Imperio en las islas británicas.

Una de las mayores contribuciones de Adriano al Imperio fue su enfoque hacia la cultura y las artes. Era un gran amante de la arquitectura, y su reinado estuvo marcado por numerosas construcciones y restauraciones de monumentos. La más famosa de estas obras fue el Panteón de Roma, una estructura monumental que se convirtió en uno de los edificios más emblemáticos de la ciudad y que, a día de hoy, sigue siendo un testimonio de la grandeza de la arquitectura romana. Además, Adriano promovió el desarrollo de la cultura en todo el Imperio, estableciendo escuelas y centros filosóficos en lugares clave como Atenas. Esta pasión por la cultura helenística llevó a Adriano a adoptar muchas de las costumbres y el estilo de vida griego, y también promovió la fusión de la cultura romana con la griega, lo que contribuyó a la creación de una identidad cultural común en todo el Imperio.

El emperador también fue conocido por sus esfuerzos para mejorar la administración pública y la justicia en las provincias romanas. A lo largo de su reinado, Adriano implementó reformas para garantizar la equidad y la estabilidad en las regiones alejadas de Roma. Fomentó la construcción de infraestructuras públicas, como acueductos y caminos, que facilitaron el comercio y la comunicación a través del vasto territorio imperial. Además, instituyó una serie de reformas jurídicas que promovieron la protección de los derechos de los ciudadanos romanos, independientemente de su estatus social o su lugar de origen.

Sin embargo, el reinado de Adriano no estuvo exento de dificultades. A pesar de su enfoque diplomático y pacífico en la política exterior, tuvo que enfrentar varias revueltas en las provincias, especialmente en Judea. La revuelta de Bar Kojba, en la que los judíos se levantaron contra el dominio romano, fue uno de los eventos más dramáticos de su reinado. Aunque Adriano inicialmente intentó negociar con los líderes judíos, la revuelta fue sofocada con fuerza, lo que resultó en la destrucción de Jerusalén y una represión brutal de la población judía. Este evento marcó una de las sombras más oscuras de su reinado y tuvo repercusiones en la historia de la región durante siglos.

En lo personal, Adriano fue un hombre de pasiones y contradicciones. Su relación con el joven Antínoo, quien fue un bello adolescente griego, fue uno de los aspectos más controversiales de su vida. Antínoo murió misteriosamente en el 130 d.C., y Adriano, profundamente afectado por su muerte, ordenó la construcción de una ciudad en su honor y erigió estatuas de él en todo el Imperio. Esta relación fue vista por algunos como una manifestación de la relación emocional profunda que Adriano mantenía con la belleza y el amor, mientras que otros la consideraron una muestra de la pasión de un hombre poderoso que, a pesar de su posición, no estaba exento de vulnerabilidad.

Adriano murió el 10 de julio del 138 d.C. en su villa de Baia, en el golfo de Nápoles. Su muerte marcó el final de un reinado que, a pesar de las críticas y dificultades, dejó un legado duradero. Fue sucedido por su hijo adoptivo, Antonino Pío, quien continuó muchas de sus políticas. Adriano fue enterrado en el Mausoleo de Adriano, en Roma, un monumento que aún se conserva como uno de los símbolos más grandes de la ciudad.

¿Qué nos enseñó Adriano?

Adriano nos enseñó el valor de la prudencia y el equilibrio en el gobierno. Su decisión de consolidar las fronteras en lugar de seguir con la expansión ininterrumpida refleja una visión pragmática que priorizaba la estabilidad del Imperio sobre la conquista insaciable. Además, su amor por la cultura y las artes nos muestra cómo el poder y la belleza pueden ir de la mano, y cómo un líder puede promover la grandeza de su nación no solo a través de la guerra, sino también mediante la promoción del conocimiento y la estética.

El aporte de Adriano a la humanidad

El legado de Adriano es profundo y duradero. En el ámbito arquitectónico, sus proyectos siguen siendo una parte integral de la ciudad de Roma, con el Panteón como uno de los ejemplos más notables. En términos políticos, sus reformas administrativas y su enfoque hacia la justicia marcaron una era de relativa estabilidad dentro del Imperio. Su enfoque hacia la cultura, la filosofía y las artes contribuyó a la creación de una identidad cultural romana que perduró mucho después de su muerte. Adriano también dejó una huella significativa en el mundo griego, promoviendo el intercambio cultural y el respeto hacia las tradiciones helenísticas. A través de sus actos, Adriano nos dejó una visión de un Imperio Romano no solo como una potencia militar, sino como un crisol de culturas, artes y filosofías.

15 - Antonino Pío: El Emperador del Bienestar

Antonino Pío es una figura clave en la historia del Imperio Romano, cuyo reinado, que se extendió desde el 138 hasta el 161 d.C., se considera una de las épocas de mayor paz y prosperidad para Roma. Conocido por su integridad, sabiduría y enfoque en el bienestar de su pueblo, Antonino Pío se destacó como uno de los "cinco buenos emperadores", una distinción que lo sitúa junto a figuras como Nerva, Trajano, Adriano y Marco Aurelio. Sin embargo, su legado no solo está relacionado con su administración justa, sino también con su compromiso por promover la estabilidad y la paz en el Imperio Romano durante un período que podría haber sido marcado por la guerra y la incertidumbre.

El 138 d.C., un momento de transición para el Imperio Romano, Antonino Pío asumió el trono tras la muerte de Adriano, quien lo había adoptado como hijo y preparado para tomar las riendas del Imperio. Lo que inicialmente podría haberse visto como una continuación de la política de Adriano, se convirtió en un periodo decisivo para la historia de Roma, donde las decisiones de Antonino Pío de reforzar la justicia, la paz y la administración eficiente marcaron un hito en el desarrollo del imperio. Bajo su liderazgo, Roma vivió una era de relativa tranquilidad, a pesar de los desafíos que presentaba la vastedad de su territorio.

Antonino Pío nació en Roma el 19 de septiembre del año 86 d.C. Su nombre completo era Tito Aurelio Fulvio Boionio Arriano Antonino, pero es más conocido por su título imperial, Antonino Pío. Pertenecía a una familia de la aristocracia romana, y su ascendencia se remontaba a los más altos círculos políticos de la República. Su padre, Tito Aurelio Fulvio, fue un importante político y general romano, y su madre, Arria Fadilla, una mujer de alta alcurnia. Desde su juventud, Antonino se destacó por su carácter equilibrado y su dedicación al servicio público, lo que lo hizo popular entre la élite romana.

Su educación fue profundamente romana, basada en los valores de la moralidad, la sabiduría y el compromiso con el bien común. Como era costumbre en su época, Antonino fue formado en una variedad de disciplinas:

derecho, filosofía y oratoria, lo que le permitió desarrollarse no solo como un líder militar, sino también como un pensador de alto nivel. Desde joven, mostró una profunda inclinación por la ética y la justicia, algo que se reflejaría en su forma de gobernar. Su carácter apacible y su habilidad para resolver conflictos de manera imparcial lo convirtieron en un hombre respetado dentro de los círculos políticos de Roma.

En 138 d.C., tras la muerte de Adriano, Antonino Pío fue adoptado como sucesor del emperador y, poco después, se convirtió en emperador de Roma. En su reinado, continuó muchas de las políticas de su predecesor, pero las modificó con un enfoque más pacífico y menos agresivo. Mientras que Adriano había sido un emperador que priorizaba la defensa de las fronteras y la consolidación del imperio, Antonino Pío adoptó un enfoque más diplomático. Su política se centró en la estabilidad interna del imperio y la consolidación de las reformas sociales y administrativas.

Una de las principales características del reinado de Antonino Pío fue su enfoque en la justicia. Fue conocido por ser un emperador benevolente y justo, que trató de administrar el imperio con equidad y sin recurrir a la violencia. Su gobierno estuvo marcado por un enfoque legalista, promoviendo una serie de reformas que buscaban la mejora de las condiciones de vida de las clases bajas y la protección de los derechos de los ciudadanos. Antonino Pío se comprometió a asegurar que la ley fuera aplicada de manera justa, sin favoritismos. A lo largo de su reinado, se promulgó una serie de leyes que favorecían el bienestar social, la economía y la administración pública, buscando siempre el equilibrio entre las distintas clases sociales.

El emperador también destacó por su diplomacia internacional. Durante su gobierno, Roma vivió una época de relativa paz en comparación con los siglos previos. Antonino Pío evitó entrar en conflictos bélicos prolongados, favoreciendo la diplomacia como herramienta para gestionar las relaciones con las naciones vecinas. Aunque hubo algunas revueltas y conflictos menores en las fronteras del imperio, en general, su reinado se destacó por la estabilidad, lo que permitió que las provincias prosperaran y se desarrollaran.

A pesar de que la figura de Antonino Pío suele asociarse con la paz y la estabilidad, su reinado no estuvo exento de desafíos. Uno de los principales problemas a los que tuvo que enfrentarse fue la revuelta de los judíos en la provincia de Judea, que resultó en una importante represión. Sin embargo, a diferencia de algunos de sus predecesores, Antonino Pío manejó este conflicto con moderación, buscando la restauración del orden sin recurrir a medidas extremas. Esta actitud diplomática lo convirtió en un emperador muy respetado tanto en Roma como en las provincias.

Antonino Pío también tuvo un interés notable por la cultura y las artes. Fue un mecenas de la filosofía y la literatura, promoviendo la educación y la investigación científica. Su amor por la cultura griega fue evidente, y durante su reinado, la ciudad de Atenas disfrutó de un periodo de esplendor. Antonino Pío también estableció una serie de instituciones educativas y centros de investigación en varias partes del imperio, buscando siempre promover el conocimiento y la sabiduría entre sus ciudadanos.

A nivel personal, Antonino Pío era un hombre modesto y pío, conocido por su vida privada austera. Su carácter recto y su dedicación al deber fueron sus mayores cualidades. Era un hombre de familia devoto, y su relación con su esposa Faustina la Mayor fue un reflejo de su lealtad y respeto. Juntos, tuvieron varios hijos, siendo Marco Aurelio uno de los más destacados, quien más tarde sería uno de los emperadores más importantes de la historia de Roma.

A lo largo de su reinado, Antonino Pío vivió una vida longeva, y fue muy querido por el pueblo romano. La paz que prevaleció durante su gobierno fue un testamento de su capacidad para gobernar con sabiduría y moderación. A su muerte, ocurrida el 7 de marzo del 161 d.C., fue sucedido por su hijo adoptivo Marco Aurelio, quien continuó la política pacifista de su padre.

¿Qué nos enseñó Antonino Pío?

Antonino Pío nos enseñó que la sabiduría y la moderación son herramientas poderosas para un gobierno justo. Su habilidad para gobernar sin recurrir a la violencia y su enfoque en la diplomacia y la ley muestran que la paz es más efectiva que la guerra para lograr un imperio estable. Su amor por la justicia y el bienestar de sus ciudadanos nos enseña que un líder debe anteponer siempre el bienestar común por encima de los intereses personales o las ambiciones de poder.

El aporte de Antonino Pío a la humanidad

El legado de Antonino Pío es significativo en varios aspectos. En primer lugar, su enfoque en la ley y la justicia sentó las bases de un gobierno imperial que procuraba el bienestar de todos sus ciudadanos. Las reformas administrativas que implementó, como la promoción de leyes sociales y económicas, influyeron positivamente en las condiciones de vida de las clases bajas y en la estabilidad general del Imperio Romano. Además, su amor por la cultura y la educación dejó un legado duradero en las artes, la filosofía y la ciencia, lo que permitió que el Imperio Romano fuera no solo una potencia militar, sino también un centro de conocimiento y civilización.

Su política exterior de moderación y diplomacia también influyó en el curso de la historia, evitando guerras innecesarias y permitiendo que el Imperio Romano experimentara un período de relativa paz. En última instancia, Antonino Pío es recordado como uno de los emperadores más sabios y justos que Roma haya tenido, y su influencia perduró mucho después de su muerte.

16 - Marco Aurelio: Sabiduría en la Guerra y la Paz

Marco Aurelio, emperador romano desde el 161 hasta su muerte en 180 d.C., es uno de los personajes más fascinantes de la historia antigua, no solo por su papel como gobernante, sino también por su legado como filósofo. En un tiempo en que el poder imperial parecía concentrarse en figuras absolutas y guerreras, Marco Aurelio destacó como un pensador profundo, cuyos escritos sobre la vida, la ética y el deber todavía resuenan en la sociedad contemporánea. Su obra más conocida, "Meditaciones", es un tratado personal sobre el estoicismo, la filosofía que marcó su vida y su gobierno. Su reinado, en muchos aspectos, fue marcado por la lucha constante tanto en el ámbito personal como en el político, enfrentando desafíos externos e internos mientras intentaba mantener el orden en uno de los imperios más poderosos de la historia.

Marco Aurelio fue conocido por su templanza y serenidad ante las dificultades, y en su época, su figura fue una de las pocas que personificó el ideal del "emperador filósofo", una visión que lo ha dejado como modelo de gobernante sabio. Sin embargo, su vida estuvo lejos de ser tranquila. A pesar de su carácter reflexivo y su filosofía orientada hacia el autocontrol, Marco Aurelio tuvo que enfrentarse a una serie de desafíos militares, políticos y personales que pusieron a prueba su resiliencia y su ética.

Nació el 26 de abril del 121 d.C. en Roma, hijo del senador Marcus Annius Verus y de Domitia Lucilla, una mujer de la nobleza romana. Desde su infancia, Marco Aurelio fue preparado para la vida pública y el servicio a Roma. Su padre fue una figura de gran influencia, pero fue su abuelo materno, también llamado Marcus Annius Verus, quien lo adoptó como su hijo, asegurando su acceso a una educación privilegiada. Marco Aurelio creció en el seno de una familia aristocrática, donde el deber hacia el Estado y la virtud eran valores fundamentales.

Su educación fue rigurosa y estaba centrada en los estudios filosóficos, especialmente en el estoicismo, que marcó su pensamiento durante toda su vida. Fue influenciado por figuras como el filósofo estoico Junius Rusticus y su maestro de oratoria, Herodes Ático, quienes le inculcaron una profunda dedicación por la sabiduría, la autodisciplina y la moralidad. Esta formación intelectual y filosófica fue fundamental para que Marco Aurelio enfrentara los numerosos desafíos de su vida con una serenidad admirable.

En el 138 d.C., cuando Marco Aurelio era aún joven, el emperador Adriano adoptó a Antonino Pío, quien a su vez adoptó a Marco Aurelio y a Lucio Vero, su hermano adoptivo. Esta adopción marcó el inicio de su carrera política, y en 161 d.C., tras la muerte de Antonino Pío, Marco Aurelio ascendió al trono como emperador junto con Lucio Vero. A pesar de compartir el poder con su hermano adoptivo, fue Marco Aurelio quien se encargó principalmente de la dirección del imperio debido a las habilidades de liderazgo que había demostrado a lo largo de su carrera.

Durante su reinado, el Imperio Romano enfrentó varios conflictos, incluidos levantamientos en las fronteras orientales y en las regiones germánicas. Los enfrentamientos con los pueblos germanos, especialmente con los marcomanos, ocuparon gran parte de la atención de Marco Aurelio. A pesar de los desafíos bélicos, Marco Aurelio mostró una notable dedicación al bienestar de su pueblo. En sus "Meditaciones", se puede ver la lucha interna que enfrentaba al ser un líder militar que también debía ser un líder sabio y ético. Sin embargo, su filosofía estoica le permitió afrontar la guerra y la política con una calma imperturbable.

Uno de los momentos más destacados del reinado de Marco Aurelio fue su lucha contra las invasiones germánicas, que amenazaban las fronteras del imperio. A pesar de las dificultades de la guerra, Marco Aurelio no permitió que las circunstancias externas alteraran su enfoque hacia la justicia y la moralidad. En sus escritos, muestra una profunda reflexión sobre la naturaleza de las adversidades y cómo estas pruebas deben ser vistas como oportunidades para practicar la virtud. Esto, más que sus victorias militares, ha sido uno de los legados más duraderos de su vida.

Marco Aurelio también dedicó tiempo a la reforma administrativa y judicial, buscando mejorar el funcionamiento interno del imperio. Fue conocido por su sentido de la justicia y su dedicación a las leyes. Implementó reformas que buscaban la mejora de la vida de los ciudadanos romanos, y también promovió la educación, la cultura y el arte. A pesar de los desafíos políticos y las dificultades de su época, Marco Aurelio no permitió que su deber como emperador le apartara de sus principios filosóficos.

En lo personal, la vida de Marco Aurelio estuvo marcada por tragedias. Su esposa, Faustina la Mayor, falleció antes que él, lo que le afectó profundamente. También sufrió la pérdida de varios de sus hijos. A pesar de estas tragedias personales, mantuvo su compostura, siguiendo los principios estoicos que defendía en su vida. Los "Meditaciones" que escribió durante sus campañas militares en los años 170 y 180 d.C. son, en gran parte, un testamento de su lucha interna y de su esfuerzo por mantenerse fiel a sus ideales.

Marco Aurelio falleció el 17 de marzo de 180 d.C., en Vindobona (actual Viena), durante una de sus campañas contra las tribus germánicas. Fue sucedido por su hijo, Cómodo, quien no siguió los mismos ideales de su padre, lo que llevó a una era de declive en el imperio. A pesar de ello, el legado de Marco Aurelio ha perdurado, no solo como emperador, sino como uno de los pensadores más importantes de la historia.

¿Qué nos enseñó Marco Aurelio?

Marco Aurelio nos enseñó que la verdadera grandeza no se encuentra en el poder o la victoria, sino en la capacidad de mantener la calma, la virtud y el sentido de la justicia incluso en tiempos de adversidad. Su vida nos muestra que los desafíos, ya sean personales o externos, son oportunidades para poner en práctica los valores fundamentales que definen a un ser humano virtuoso. Su filosofía nos invita a reflexionar sobre nuestra propia vida, a enfrentar las dificultades con serenidad y a no dejar que las circunstancias externas nos desvíen de lo que es moralmente correcto.

El aporte de Marco Aurelio a la humanidad

El principal legado de Marco Aurelio a la humanidad es su obra "Meditaciones", que ha influido profundamente en la filosofía occidental. Sus reflexiones sobre la ética, la moralidad y el autocontrol siguen siendo estudiadas en la actualidad como guías para el crecimiento personal y la vida plena. Además, su reinado contribuyó al mantenimiento de la paz en el Imperio Romano durante una época de grandes desafíos. Su liderazgo basado en la sabiduría y la justicia fue un modelo de gobernante ético, que mostró que el poder puede y debe ser ejercido con virtud.

La influencia de Marco Aurelio en la actualidad se manifiesta en la filosofía estoica, que ha ganado un renovado interés en los últimos años. Su enfoque en la autodisciplina, la resiliencia frente a las dificultades y la importancia de la reflexión interna sigue siendo una fuente de inspiración para muchos, desde líderes empresariales hasta personas que buscan superar adversidades en sus vidas personales. El pensamiento de Marco Aurelio continúa siendo una guía para quienes buscan vivir una vida ética, equilibrada y significativa.

Su vida y su obra también han influido en el pensamiento político y en la forma en que entendemos el liderazgo. Marco Aurelio no solo fue un emperador, sino un ejemplo de lo que significa ser un líder en tiempos de crisis, un líder que, en medio de la guerra, nunca olvidó los principios de la justicia y la moralidad. Su legado como pensador y gobernante es un faro de sabiduría que sigue iluminando el camino de quienes buscan entender la complejidad de la vida y el verdadero propósito del liderazgo.

La vida de Marco Aurelio nos deja muchas lecciones valiosas, no solo como gobernantes o pensadores, sino como seres humanos. Nos enseña que la paz interior, la reflexión constante sobre nuestras acciones y el compromiso con la justicia son fundamentales para vivir una vida plena. Nos recuerda que, aunque no podemos controlar todas las circunstancias que nos rodean, sí podemos controlar cómo respondemos ante ellas. En un mundo lleno de incertidumbre, las enseñanzas de Marco Aurelio siguen siendo un faro de luz para todos los que buscan encontrar la serenidad en medio del caos y la virtud en medio de la adversidad.

17 - Lucio Vero: El Emperador que Gobernó Junto a Marco Aurelio

A principios del siglo II, el Imperio Romano atravesaba un período de estabilidad política y expansión territorial, pero también enfrentaba desafíos internos y externos. En medio de este panorama, surgió una figura imperial que, aunque menos conocida que su co-emperador Marco Aurelio, dejó su huella en la historia: Lucio Vero. Su breve reinado, en conjunto con su compañero Marco Aurelio, se vio marcado por una serie de eventos cruciales, desde campañas militares hasta luchas de poder, que definieron el rumbo del imperio. Sin embargo, su legado no es tan claro ni tan venerado como el de otros emperadores, lo que hace de su figura un tema fascinante para el análisis.

El reinado de Lucio Vero, que tuvo lugar entre 161 y 169 d.C., fue uno de los más complejos de la historia de Roma. A menudo comparado con su co-emperador Marco Aurelio, quien es más recordado por su sabiduría filosófica, Lucio Vero es percibido por algunos como un monarca más preocupado por la vida de lujo que por las exigencias del poder. Sin embargo, su involucramiento en varias campañas militares y la relación con su compañero de gobierno dejan una visión más matizada de su figura.

Lucio Vero nació el 15 de diciembre de 130 d.C., hijo de Lucio Ceionio Comodo y de Annia Galeria Faustina, la hija de Antonino Pío, el emperador que precedió a Marco Aurelio. A través de su madre, Lucio Vero era nieto de Antonino Pío, lo que le otorgaba una posición privilegiada en la política romana. A lo largo de su infancia y juventud, Lucio fue educado en las normas y valores de la elite romana, y aunque desde temprano se le consideró un sucesor probable del trono imperial, su personalidad y carácter a menudo fueron considerados más frágiles en comparación con su co-emperador.

En 138 d.C., el emperador Antonino Pío adoptó a Lucio Vero, y fue así como comenzó a posicionarse como el futuro heredero del imperio romano. Durante su ascensión al poder, el imperio se encontraba en una etapa de crecimiento económico y consolidación territorial, después de la era de Adriano. La gestión del imperio era generalmente más pacífica, y la familia imperial había logrado estabilidad bajo el liderazgo de los Antoninos.

El gran punto de inflexión en la vida de Lucio Vero ocurrió en 161 d.C., cuando él y Marco Aurelio fueron nombrados emperadores del Imperio Romano tras la muerte de Antonino Pío. En lugar de gobernar como un solo emperador, los dos adoptaron un sistema de "co-emperadores", en el que compartían el poder y las responsabilidades. Mientras que Marco Aurelio se dedicaba a las cuestiones filosóficas y del gobierno interno, Lucio Vero asumió el mando militar, liderando las campañas contra los partos en el Este, lo que marcaría uno de los mayores desafíos de su reinado.

En cuanto a sus logros y contribuciones clave, Lucio Vero es principalmente recordado por su participación en la guerra contra el Imperio Parto, un conflicto que había comenzado en 161 d.C. cuando los partos invadieron las provincias romanas de Armenia y Mesopotamia. Lucio Vero organizó y comandó una expedición militar para restaurar el control romano sobre estas áreas. A pesar de la relevancia de esta guerra, Lucio Vero fue criticado por la forma en que se desarrolló. Mientras que sus victorias en el campo de batalla fueron celebradas, muchos observaron que Lucio Vero se mantuvo apartado de la estrategia y las decisiones cruciales, dejando gran parte de la responsabilidad a sus generales. Algunos incluso afirmaron que su presencia en las campañas fue más ceremonial que estratégica.

Otro evento importante de su reinado fue la peste que afectó al Imperio Romano durante los últimos años de su vida. La peste, conocida como la "peste antonina", diezmó a las tropas romanas y a la población en general, afectando gravemente la economía y la estabilidad del imperio. La enfermedad se propagó en parte debido a las continuas campañas militares en las que Lucio Vero estuvo involucrado. La muerte de Lucio Vero en 169 d.C., poco después de su regreso a Roma, se produjo en medio de este caos. Aunque algunos historiadores apuntan a que la peste pudo haber sido un factor importante en su fallecimiento, las circunstancias de su muerte siguen siendo un tema de debate.

La figura de Lucio Vero ha sido a menudo vista bajo la sombra de su co-emperador, Marco Aurelio, cuyo legado como pensador y líder es reconocido en todo el mundo. Mientras que Marco Aurelio cultivó una imagen de filósofo-emperador y se ganó el respeto eterno por sus "Meditaciones", Lucio Vero no dejó tal legado filosófico o cultural. Sin embargo, su participación en las guerras, en la administración del imperio y su posición como emperador en un momento de incertidumbre han sido objeto de reflexión.

A pesar de los desafíos de su reinado, el legado de Lucio Vero perdura en varios aspectos. Uno de los mayores logros que se le atribuyen fue el mantenimiento de la estabilidad del imperio, aunque en gran parte gracias al apoyo de su compañero Marco Aurelio. En cuanto al impacto de su reinado en su época, su principal contribución fue sin duda la restauración del control romano en el este, especialmente en la región de Armenia y Mesopotamia, tras la invasión parto. También fue responsable de la gestión de la peste, aunque no pudo evitar sus efectos devastadores.

En términos de influencia en la actualidad, el legado de Lucio Vero se encuentra principalmente en su capacidad para asumir el poder imperial en conjunto con otro emperador. El modelo de "co-emperadores" desarrollado durante su reinado fue una estrategia política que permitió la estabilidad del imperio durante años, a pesar de las dificultades. Además, su participación en la guerra contra los partos dejó un legado en términos de los límites orientales del Imperio Romano.

El principal legado de Lucio Vero se encuentra en el contexto de su reinado, en la capacidad para mantener el Imperio Romano estable en tiempos de guerra y enfermedad. Aunque su reinado fue breve, su influencia en los procesos de gobierno, tanto en términos de estrategia militar como de administración del imperio, sigue siendo estudiada por historiadores.

Finalmente, si bien Lucio Vero no dejó un legado de filosofía o de grandes reformas políticas, su vida y reinado nos enseñan sobre la importancia de las alianzas políticas, la cooperación en tiempos de crisis y el manejo del poder. La figura de Lucio Vero, aunque a menudo eclipsada por la de su co-emperador, demuestra que incluso aquellos emperadores cuyas contribuciones no resuenan en la posteridad tienen un papel fundamental en el mantenimiento de un imperio tan vasto como el romano.

¿Qué nos enseñó Lucio Vero?

Lucio Vero nos enseña que la cooperación y el trabajo en equipo, en especial en momentos de crisis, son fundamentales para el buen gobierno. Su asociación con Marco Aurelio en el poder imperial demuestra que los desafíos más grandes pueden ser enfrentados de manera más efectiva cuando se comparte la responsabilidad y se complementan habilidades. A pesar de no tener un legado personal tan marcado como su co-emperador, la gestión conjunta del imperio nos habla de la importancia de los roles complementarios en la gobernanza. Además, su participación en la guerra contra los partos, aunque criticada, revela la complejidad de liderar en tiempos de conflicto y la necesidad de delegar tareas cruciales a expertos.

El aporte de Lucio Vero a la humanidad

El aporte más significativo de Lucio Vero a la humanidad se encuentra en el establecimiento de un modelo de gobierno compartido, en el que dos emperadores gobernaban en conjunto. Este sistema permitió al Imperio Romano navegar durante un período de guerra y epidemias con un mínimo de desestabilización política. Su participación en la campaña contra los partos también dejó una marca duradera en las fronteras orientales del imperio, asegurando la influencia romana en esas regiones clave. Aunque su reinado fue relativamente corto y marcado por dificultades, Lucio Vero contribuyó al mantenimiento del poder imperial y al proceso de administración eficiente del vasto imperio romano en tiempos de dificultades.

18 - Cómodo: El Emperador que Convirtió Roma en un Circo

Cómodo, nacido el 31 de agosto de 161 d.C., es uno de los emperadores romanos más controvertidos y complejos de la historia. Hijo del célebre Marco Aurelio, uno de los emperadores más venerados por su sabiduría y su filosofía estoica, Cómodo se distanció drásticamente de la imagen de su padre. Mientras que Marco Aurelio es recordado como el filósofo-emperador, Cómodo se ganó la fama por su extravagancia, su autoritarismo y su afición a la lucha en el circo, lo que lo convirtió en una figura polarizante para los romanos de su tiempo y para la posteridad. Su reinado, que duró desde 180 hasta su asesinato en 192 d.C., es visto por muchos como el punto de inflexión que marcó el final de la era de los "Cinco Buenos Emperadores" y el inicio de una época de inestabilidad para el Imperio Romano.

La historia de Cómodo es, en muchos aspectos, la de un hombre que parecía estar atrapado en la sombra de su propio linaje, intentando, quizás, llenar los enormes zapatos de su padre. Mientras que Marco Aurelio gobernaba con dignidad y con un enfoque filosófico, Cómodo fue conocido por sus excesos y su deseo de ser adorado como un dios viviente. En su corto y tumultuoso reinado, Cómodo no solo defraudó las expectativas de los romanos, sino que también dejó una marca indeleble en la historia del imperio, debido a su carácter excéntrico y a sus decisiones desastrosas que, en última instancia, contribuyeron a la decadencia de Roma.

En el contexto histórico, Roma en los primeros años del siglo II d.C. disfrutaba de una estabilidad relativa. La paz en las fronteras del imperio y la prosperidad económica habían caracterizado el gobierno de Antonino Pío y, en particular, de Marco Aurelio. Sin embargo, a la muerte de este último, la transición al gobierno de su hijo Cómodo significó un cambio drástico en la política interna y externa del imperio. Mientras que su padre había sido un líder justo y sabio, Cómodo pronto mostró signos de ser un gobernante que anteponía su ego y sus deseos personales por encima de las necesidades del imperio.

La figura de Cómodo es interesante también por su entorno familiar. Nacido en Roma, fue hijo del emperador Marco Aurelio y de Faustina la Menor, hija del emperador Antonino Pío. A lo largo de su infancia y juventud, Cómodo fue educado en el palacio imperial, pero su formación y carácter distaban mucho de la filosofía estoica de su padre. Aunque fue preparado para asumir el liderazgo del imperio, no mostró ninguna inclinación por las virtudes que su padre había defendido, como la moderación, la disciplina o el sentido del deber. De hecho, muchos historiadores sostienen que Cómodo fue un hombre poco preparado para el poder, impulsado por la vanidad y la búsqueda de placer.

A lo largo de su reinado, Cómodo se hizo famoso por su comportamiento extravagante. Una de las características más destacadas de su gobierno fue su obsesión por los gladiadores y las luchas en el circo. Cómodo no solo asistía a las competiciones, sino que se presentaba como un gladiador más, luchando en la arena frente a miles de espectadores. Este comportamiento, que para muchos resultaba grotesco y fuera de lugar para un emperador, era una forma en la que Cómodo buscaba ganarse el favor del pueblo romano, mostrándose como un hombre valiente y cercano a su gente. Sin embargo, su gusto por el espectáculo era tan excesivo que muchas veces se presentaba como el propio Hércules, con el fin de ser adorado como una figura divina.

En términos de logros, Cómodo no dejó un legado duradero en la política o en la cultura romana. Su reinado fue marcado por una serie de decisiones erróneas que perjudicaron a Roma. Durante su gobierno, la corrupción se apoderó de la administración imperial y las provincias se volvieron cada vez más desordenadas. Además, las relaciones con el Senado se deterioraron rápidamente. Cómodo se mostró tiránico y despótico, desmantelando muchas de las reformas de su padre. Aunque al principio parecía que su gobierno sería continuista, pronto se volvió evidente que Cómodo no tenía el temple necesario para gobernar el vasto Imperio Romano de manera efectiva.

Una de las decisiones más controvertidas de Cómodo fue su intento de adorar como dios a la figura imperial. En lugar de continuar con la política de humildad de su padre, que había sido muy respetado por su comportamiento estoico, Cómodo adoptó un enfoque completamente opuesto, buscando glorificarse a sí mismo. Su deseo de ser adorado como una deidad fue tal que mandó erigir estatuas de él mismo por todo el imperio, muchas de ellas representándolo como Hércules, lo cual fue ampliamente criticado.

A nivel personal, Cómodo era conocido por su vida de excesos. Los relatos sobre su comportamiento son numerosos y varían entre lo absurdo y lo despiadado. En su tiempo libre, disfrutaba de banquetes interminables, orgías y de la caza de animales salvajes, una actividad que también presentaba como un espectáculo para el público. Se cuenta que incluso llegó a luchar en la arena del circo, donde se enfrentaba a gladiadores y animales, aunque estos últimos estaban generalmente debilitados para garantizar su victoria. Esta fascinación por la violencia y la exhibición era una de las características más inquietantes de su reinado.

Cómodo fue asesinado el 31 de diciembre de 192 d.C., después de un largo período de conspiraciones y descontento dentro del Senado y la Guardia Pretoriana. Se dice que su muerte fue el resultado de una conspiración liderada por miembros de su círculo cercano, quienes no podían soportar más su comportamiento errático y tiránico. Fue estrangulado por un luchador en el baño, un final tan dramático como su vida.

A pesar de que Cómodo es generalmente considerado uno de los peores emperadores romanos, su vida y reinado nos enseñan varias lecciones importantes sobre el poder, la vanidad y la autodestrucción. El principal legado de Cómodo es, en última instancia, el recordatorio de que el abuso del poder, la corrupción y la falta de respeto hacia las instituciones pueden llevar a la caída incluso de los imperios más poderosos.

¿Qué nos enseñó Cómodo?

Cómodo nos enseña que la arrogancia y la obsesión con el poder personal pueden destruir un imperio. Su reinado nos muestra cómo la tiranía, el despilfarro y la falta de responsabilidad pueden llevar a la decadencia de una nación. En lugar de seguir el ejemplo de su padre, Marco Aurelio, quien había sido un modelo de sabiduría y moderación, Cómodo eligió el camino de la autoadoración y el despilfarro, lo que finalmente lo llevó a su caída. Además, su vida demuestra que la falta de humildad y la desconexión con las necesidades reales de la sociedad pueden provocar el desprecio y la rebelión de los propios gobernados.

El aporte de Cómodo a la humanidad

El legado de Cómodo es principalmente negativo, pero su reinado dejó una enseñanza crucial sobre los peligros del poder absoluto. Aunque su gobierno no produjo avances en la política, la cultura o las artes, su vida y su caída sirven como advertencia sobre los efectos corrosivos de la tiranía y el exceso. Su intento de convertirse en una figura divina y su obsesión con el espectáculo nos recuerdan cómo el abuso de poder puede desvirtuar las instituciones y generar caos y desorden. La historia de Cómodo resalta la importancia de la humildad y el respeto hacia las instituciones en cualquier forma de gobierno.

19 - Pertinax: El Emperador que Duró 86 Días

En la historia de Roma, pocos emperadores tuvieron un reinado tan breve y turbulento como Pertinax. Nacido en el año 126 d.C., este hombre pasó de ser un simple soldado a alcanzar el trono imperial en un periodo de crisis que sacudió los cimientos del Imperio Romano. Conocido por su férrea disciplina y su enfoque reformista, Pertinax se convirtió en emperador tras la muerte de Cómodo en el 193 d.C., un periodo en el que el Imperio Romano se encontraba sumido en el caos. A pesar de su inexperiencia en la política imperial, su corta gestión como emperador dejó una huella significativa en la historia romana.

El reinado de Pertinax fue un reflejo de los desafíos que enfrentaban los emperadores de la época. Tras la muerte de Cómodo, Roma se sumió en una profunda crisis de sucesión. La falta de un heredero claro y la creciente inestabilidad política marcaron el inicio de un periodo conocido como "el año de los cinco emperadores", en el que varios aspirantes al trono se sucedieron rápidamente. Durante esta etapa, la política romana era un campo de batalla donde la lealtad de las tropas y las conspiraciones palaciegas determinaban el destino de los emperadores. En este contexto, Pertinax asumió el poder en un intento por restaurar el orden y la disciplina en un Imperio Romano cada vez más corrupto y desorganizado.

La figura de Pertinax es particularmente interesante porque, a pesar de no provenir de la nobleza, logró ascender en las filas del ejército romano gracias a su habilidad, ambición y sentido del deber. Hijo de un hombre libre y criado en el seno de una familia humilde, Pertinax comenzó su carrera como soldado, destacándose por su disciplina, valentía y destreza en el campo de batalla. Tras una serie de éxitos en las campañas militares, fue promovido a varios cargos de responsabilidad, lo que le permitió ganar el respeto tanto de sus compañeros como de sus superiores. A lo largo de su carrera, Pertinax fue conocido por su integridad y su férrea dedicación al cumplimiento de la ley, lo que le valió una sólida reputación en el ejército.

La vida temprana de Pertinax estuvo marcada por las dificultades y la superación personal. Nació en Alba Pompeia, en la región de Liguria, en el norte de Italia, y fue hijo de un hombre libre, aunque de familia de origen humilde. Su educación fue modesta, pero su ansía de ascender lo llevó a ingresar en las filas del ejército romano, donde rápidamente destacó por sus habilidades y su carácter. Su carrera lo llevó a ocupar varios cargos importantes, tanto en el ejército como en la administración pública. Fue nombrado prefecto de la Guardia Pretoriana, un cargo de alto prestigio que le otorgó gran poder en el gobierno de Roma.

El ascenso de Pertinax al trono imperial ocurrió tras el asesinato de Cómodo, cuyo reinado se caracterizó por la corrupción y el abuso de poder. Después de la muerte de Cómodo, las fuerzas armadas romanas se vieron inmersas en un vacío de poder, y la lucha por el control del imperio fue feroz. Pertinax fue proclamado emperador por las tropas de la Guardia Pretoriana, pero su ascenso no estuvo exento de desafíos. Aunque fue recibido inicialmente con esperanza por algunos sectores de la sociedad romana, su reinado se vio rápidamente envuelto en la oposición tanto de los senadores como de las fuerzas militares, quienes no siempre compartían su visión de un imperio ordenado y disciplinado.

En cuanto a sus logros y contribuciones, el gobierno de Pertinax se destacó por su intento de restaurar la moralidad y la disciplina en un imperio que había sido desbordado por la corrupción y el desorden. Uno de sus primeros actos como emperador fue el intento de reformar la Guardia Pretoriana, una institución que se había vuelto cada vez más poderosa y corrupta durante el reinado de Cómodo. Pertinax intentó reducir el poder de los pretorianos y restaurar la autoridad del Senado, lo que le valió la enemistad de estos guardias imperiales, quienes esperaban ser recompensados con sobornos y privilegios.

Durante su corto reinado, Pertinax también se ocupó de las finanzas del imperio, que estaban al borde del colapso debido a los excesos de la administración anterior. Intentó implementar medidas para frenar la inflación y mejorar la recaudación de impuestos, aunque sus reformas fueron recibidas con desconfianza por las clases altas y por los militares, quienes consideraban que su política de austeridad afectaba directamente sus intereses. Además, Pertinax trató de restaurar el orden en las provincias, donde la insurrección y el descontento se estaban extendiendo, pero el tiempo y la falta de apoyo fueron factores determinantes en su fracaso.

A pesar de su esfuerzo por reformar el imperio, la impopularidad de Pertinax creció rápidamente entre aquellos que veían sus reformas como demasiado estrictas y que preferían la indulgencia de gobiernos anteriores. El carácter autoritario de Pertinax, aunque necesario en algunos aspectos, también le granjeó enemigos dentro de las élites romanas. La situación empeoró cuando los pretorianos, que esperaban recibir grandes sumas de dinero como parte de su lealtad, se sintieron traicionados por el emperador. En la noche del 28 de marzo de 193 d.C., tras sólo 86 días de gobierno, Pertinax fue asesinado en el palacio imperial por miembros de la Guardia Pretoriana, quienes, descontentos con su política de austeridad y reforma, lo mataron durante un levantamiento.

A pesar de su corto reinado, el legado de Pertinax dejó una marca en la historia de Roma. Aunque su gobierno no logró restaurar completamente la estabilidad en el imperio, su intento de reformar la Guardia Pretoriana y de poner en marcha políticas de austeridad sentó un precedente para futuros emperadores que intentarían frenar la corrupción y la decadencia del imperio. Su muerte marcó el inicio de un periodo aún más inestable, conocido como "el año de los cinco emperadores", en el que Roma se vio sumida en la lucha por el poder.

¿Qué nos enseñó Pertinax?

Pertinax nos enseña que la lucha por la justicia y la reforma no siempre se encuentra en el camino de la popularidad. A pesar de sus esfuerzos por restaurar la moralidad en Roma y reducir la corrupción, su enfoque de austeridad y disciplina le costó el apoyo de las élites y los militares. Su trágica muerte es un recordatorio de que, en tiempos de crisis, las reformas audaces pueden ser vistas como amenazas por aquellos que se benefician del statu quo. Su vida también demuestra cómo, en la política, las decisiones difíciles y las reformas necesarias pueden generar enemigos poderosos, lo que hace que el ejercicio del poder sea una tarea peligrosa y, a veces, destructiva.

El aporte de Pertinax a la humanidad

El legado de Pertinax reside principalmente en su intento de reformar el sistema de poder romano en un momento de caos. A pesar de no lograr cambiar el curso de la historia de manera duradera, sus esfuerzos por restablecer el orden y la disciplina en Roma demostraron que un gobierno basado en la justicia y la equidad puede ser una opción viable, aunque a menudo difícil de implementar. Su breve reinado, aunque marcado por la resistencia y la violencia, ofreció un modelo de gobierno que buscaba reducir la corrupción y restaurar la confianza pública en las instituciones romanas.

20 - Didius Juliano: Un Emperador en la Tormenta

El 28 de marzo del 193 d.C., un hombre aparentemente ordinario se levantó de entre las sombras de la incertidumbre para convertirse en emperador de Roma, aunque su reinado apenas alcanzó los 66 días. Didius Juliano, un político y militar de una carrera más bien modesta, se vio arrastrado al trono imperial en medio de la violencia y la confusión del "año de los cinco emperadores", un periodo caracterizado por la inestabilidad y la lucha por el poder tras la muerte del emperador Cómodo. Su ascenso fue fruto de una oferta a la Guardia Pretoriana, una oferta que, aunque lucrativa para ellos, no logró asegurar la estabilidad que Roma tanto necesitaba. Su vida es una de esas historias en las que la política y la tragedia se entrelazan en una danza que desafía la razón de los eventos históricos.

El imperio romano en el 193 d.C. se encontraba en una encrucijada peligrosa. La muerte de Cómodo, el último emperador de la dinastía Antonina, había dejado a Roma en un vacío de poder. Con el fin de una era que se había caracterizado por la expansión y el esplendor, el imperio comenzó a tambalear bajo el peso de las luchas internas y la corrupción. La política romana estaba dominada por el dinero, la traición y la violencia. La Guardia Pretoriana, encargada de la protección del emperador, ejercía un poder desmesurado y fue clave en la sucesión de emperadores en ese fatídico año. Juliano, quien tenía una carrera relativamente distante del protagonismo imperial, se encontró en el lugar y momento adecuados para aprovechar la situación.

Nacido en el año 133 d.C. en la región de Italia, Didius Juliano provino de una familia de rango ecuestre, lo que le permitió recibir una educación que lo impulsó a una carrera en el ejército. A lo largo de su vida, Juliano se destacó por su disciplina, su lealtad al imperio y por su ascendente carrera militar. Sirvió en diversas regiones del imperio, desde Hispania hasta las fronteras del Danubio, y acumuló una sólida reputación por su capacidad organizativa. A pesar de que su nombre no sobresalió de manera excepcional en la historia hasta sus últimos días, fue un hombre respetado en los círculos militares y políticos, aunque no de una familia imperial ni con grandes aspiraciones dinásticas.

En el contexto social y político de su tiempo, Roma era un imperio en crisis. La dinastía de los Antoninos, que había dado grandes emperadores como Trajano, Adriano y Marco Aurelio, se encontraba en declive. La figura de Cómodo había sido vista como un símbolo de decadencia y corrupción, y su muerte dejó a Roma sin una figura central para gobernar. Las luchas por el poder se intensificaron rápidamente. En este contexto de caos, Didius Juliano, un hombre de 60 años y sin grandes méritos políticos previos, fue elegido por la Guardia Pretoriana para ser el emperador de Roma, el cual se comprometió a ofrecerles una generosa suma de dinero a cambio de su apoyo.

Una vez en el poder, Juliano intentó estabilizar un imperio roto. No obstante, sus reformas fueron poco profundas y no lograron ganarse la lealtad de los senadores ni de las fuerzas militares. Su ascenso se debió en gran parte a la compra de lealtades, lo cual fue mal recibido por gran parte de la clase dirigente romana. Juliano se vio atrapado entre las demandas de la elite senatorial, que no confiaba en él, y la desconfianza creciente de las tropas romanas que, aunque le habían otorgado el trono, pronto se sintieron defraudadas por las promesas incumplidas. Durante su corto mandato, Juliano no fue capaz de reunir las fuerzas necesarias para restaurar la estabilidad, y la oposición tanto interna como externa se incrementó rápidamente.

En cuanto a sus logros, pocos fueron tangibles y duraderos. La principal característica de su reinado fue su intento fallido de establecer una base sólida para su poder. Su brecha con las tropas y la aristocracia romana le dejó poco margen de maniobra. Sin embargo, algunos historiadores sugieren que Juliano intentó implementar una política de moderación, tratando de restablecer el orden en las provincias y lidiando con los continuos saqueos de las fronteras del imperio, aunque su éxito en estas cuestiones fue limitado. Además, la corrupción de la Guardia Pretoriana, que siempre había sido un problema recurrente en Roma, no pudo ser controlada bajo su liderazgo. En lugar de poner fin a la corrupción o a las luchas internas, Juliano fue percibido como una figura débil, incapaz de enfrentar los desafíos del imperio.

Su gobierno fue igualmente marcado por las promesas rotas. Las recompensas que ofreció a la Guardia Pretoriana a cambio de su apoyo fueron, en última instancia, insuficientes para garantizar su lealtad. La falta de una estrategia clara para enfrentar la crisis política del imperio y la inestabilidad de la situación hicieron que las fuerzas opositoras comenzaran a ganar terreno rápidamente. Los problemas financieros y los conflictos con los senadores solo contribuyeron a la falta de apoyo generalizado hacia su gobierno.

Finalmente, el reinado de Didius Juliano terminó el 1 de junio del 193 d.C., cuando la Guardia Pretoriana, insatisfecha con su liderazgo, lo asesinó en el palacio imperial de Roma. Su muerte marcó el final de su breve y tumultuoso reinado, pero también dio inicio a otro periodo de caos, con más emperadores disputándose el control del imperio. El trono fue reclamado por Septimio Severo, quien, a diferencia de Juliano, pudo consolidar su poder y estabilizar parcialmente el imperio.

¿Qué nos enseñó Didius Juliano?

La vida de Didius Juliano nos enseña que el poder político no solo depende de las estrategias o los méritos, sino también de la habilidad para mantener el equilibrio entre las distintas facciones que componen un sistema. Juliano, aunque con buena intención de gobernar y restaurar el orden, no pudo sostener su posición por la falta de apoyo real de las fuerzas que lo habían colocado en el poder. Su breve mandato demuestra que, en un sistema altamente militarizado como el romano, la lealtad de las tropas era esencial para la supervivencia de un emperador. También ilustra cómo las promesas vacías y las políticas débiles pueden resultar fatales en un entorno tan competitivo y despiadado.

El aporte de Didius Juliano a la humanidad

El legado de Didius Juliano no está marcado por grandes reformas ni por una visión profunda de la historia, pero su figura representa un momento crucial en la historia del Imperio Romano, un imperio que se encontraba al borde de la descomposición. Su reinado de corta duración contribuyó a la inestabilidad política que caracterizó esa época, la cual fue definida por luchas internas, traiciones y el derrumbe de la autoridad imperial. Aunque Juliano no dejó una huella duradera en términos de cambios políticos o sociales, su ascenso y caída nos ofrecen una visión valiosa sobre los peligros de un sistema de poder desorganizado y en crisis, y la importancia de la habilidad para gestionar las lealtades y las expectativas de las distintas facciones dentro de un imperio.

Conclusiónes

En esta primera parte de nuestro recorrido por el legado de los emperadores romanos, hemos comenzado a desentrañar los primeros pasos de un imperio que, con su grandeza y sus caídas, marcó la historia del mundo para siempre. Los primeros emperadores, con sus decisiones, virtudes y defectos, nos dejaron lecciones profundas sobre el poder, la ambición y la resistencia humana. Hemos aprendido que el camino hacia la grandeza no es lineal, y que incluso los líderes más poderosos deben enfrentarse a sus propios desafíos internos y externos.

Estos primeros emperadores nos han mostrado que, más allá de las coronas y los tronos, el verdadero liderazgo radica en la capacidad de adaptarse, aprender y dejar un legado duradero. Su historia no solo es un testimonio de gloria, sino también de los costos inherentes a la construcción de un imperio.

Pero este es solo el comienzo. La saga *Legados de Maestros* continuará explorando biografías de figuras que, al igual que los emperadores romanos, cambiaron el curso de la historia. En los próximos volúmenes, nos adentraremos en la vida y legado de visionarios del Renacimiento, científicos que transformaron la humanidad, filósofos cuyas ideas siguen vigentes y revolucionarios que lucharon por la justicia y la igualdad.

Cada biografía ofrece lecciones únicas, desafíos y triunfos que, sin duda, te inspirarán a reflexionar sobre tu propio camino hacia el éxito personal. Te invito a seguir acompañándonos en este viaje de sabiduría y descubrimiento, donde cada historia se convierte en una guía para construir un futuro más brillante y pleno. ¡Que el legado de los maestros continúe iluminando tu camino!

Also by Seraphine D.K. Velsar

Legados de Maestros
Qué nos enseñaron y qué aportaron a la humanidad los emperadores romanos:
Parte I: Los primeros pasos de un imperio inolvidable.

www.ingramcontent.com/pod-product-compliance
Lightning Source LLC
LaVergne TN
LVHW091121150826
845673LV00002B/925

* 9 7 9 8 2 3 0 8 0 4 0 9 3 *